妈妈送给
青春期儿子的书

闫　晗　编著

吉林文史出版社
JILINWENSHICHUBANSHE

前 言

PREFACE

　　进入青春期的男孩，随着知识的不断积累，生活经验的不断丰富和心理素质的不断提升，他们的需要、动机、兴趣、能力、气质等人格特点也在不断地发生变化。他们开始学会了关注、分析、反思；开始带着怀疑、警觉的态度认识、评价每一个人、每一件事；开始有了"初生牛犊不怕虎"的气势……与此同时，他们也开始时不时地顶撞父母，不再像过去那么听话了，甚至会公开地向父母叫板。他们的自我意识迅速发展，独立意识越来越强，他们认为自己已经长成大人了，有能力独立地处理一些事情。他们渴望别人把他们看作大人，当成朋友，尊重和理解他们；希望父母给予他们足够宽松与自由的空间。然而父母却并不一定能认同和理解他们，所以他们跟父母较劲、疏远，可是他们内心还有自卑、虚荣与嫉妒。

　　作为曾经同样经历过这段"成长的烦恼"的人，父母应该最能理解儿子面临各种情形时心中的不安与困惑，了解儿子充满疑问，却又无人可问的无助与迷茫。可以说父母是青春期儿子最合适的老师。但事实上，并不是每个父母都是合格的老师。一方面因为面对儿子突然的变化，自己没有做好充分的准备，所以在与儿子沟通时往往还是简单而粗暴，端起家长的架子强硬管教。这种方式对于敏感、叛逆的青春期孩子简直是火上浇油，不但不会起到帮助儿子的作用，反而会导致儿子与父母更加疏离，甚至针锋相对；另一方面，儿子进入青春期后，面对自身产生的种种变化，或紧张、或尴尬，很多问题即使面对父母也羞于启齿，再加上那种自以为成年的心理让他们开始有意识地保护起了自己的隐私，跟父母的知心话也越来越少了。这两方面的原因导致原本亲密的父子或者母子，在最需要沟通交流的时候却产生了严重的障碍。

《妈妈送给青春期儿子的书》是一本专属于青春期男孩的百科书，从生理变化到成长烦恼，从自我防卫到心理剖析，从学业指点到修养提升，从形象气质到礼仪交往，几乎无所不包，面面俱到；它也是一本能够让父母和儿子一起阅读的亲子书，一字一句都凝结着父母的疼爱与呵护，让孩子感受到父母的浓浓爱意与细致入微的关怀；它还是一本送给天下父母的青春期男孩成长笔记，让父母可以从中得知儿子那些不肯讲出来的烦恼和秘密，理解儿子产生种种变化的原因，面对儿子的教育时不再束手无策，成为男孩青春期最知心的良师益友。

目

CONTENTS

录

1

第二章

成长 & 烦恼——小小少年没有烦恼

第三章
心理＆秘密——花季雨季自多情

第四章

学校 & 学习——你在为自己读书

第五章

情绪 & 情商——让冒险的旅途充满阳光

第一章　**生理 & 变化——你的身体正在成熟**

| 身体变化的小秘密

青春期有人开始得早，有人开始得晚

男孩也许会发现，有的同学青春期来得比较早，在别的孩子还没有进入青春期时，他就已经长出了小胡子；而有的同学青春期又来得晚些，别的孩子都变声了，他还保持着童音。这个时候我们就需要了解一些青春期身体发育方面的知识了。

刘强是个多才多艺的学生，不光美术拿过奖，从小学三年级开始，就进入了少年合唱团，还成为合唱团的队长。可是现在已经上初中的刘强，觉得当合唱团队长领着大家唱歌，是很没面子的事情。因为进入初中后，合唱团里的人因为青春期变声，开始陆陆续续地离开合唱团了。而刘强不但声音一直没变，就是个子也没长多少。有时新来的小学生一不小心还会喊他同学，而不是哥哥。

为此刘强跑到音乐老师那里，请求退出合唱团。老师因为熟练的学生越来越少，人手不够，希望刘强能再帮他一段时间，刘强也只能罢休了。可是每次在学校见到从前在一起的队员时，都会觉得不好意思。

有时，刘强看到那些嘴唇上已经有些淡淡的绒毛的男生，觉得好羡慕。虽然不好看，可是那是变成男子汉的象征呀。刘强很担心，怕自己长不高，长不大。他把自己的心事告诉了好朋友。他的好朋友的妈妈正好是医生，知道刘强的苦恼后，便约他到家里玩。

刘强和好朋友在院子里玩儿，好朋友的妈妈走过来，指着院子里的一丛月季花说："刘强，你看这些花蕾有的大有的小，你知道哪个花苞会开得最漂亮吗？"刘强摇摇头，问："您知道吗，阿姨？""我也不知道。不过我知道它们都在努力让自己健康成长，努力让自己开得最美。"刘强好像明白了什么。

>> 给男孩的悄悄话 <<

科学定义，青春期是指性器官发育成熟、出现第二性征的年龄阶段。世界卫生组织将青春期规定为 10~20 岁。在中国，青春期一般是指 11~17 岁。但是，具体到每个孩子，青春期又有着"个体差异"，就是说每个孩子的青春期有着迟早快慢的差异。相关资料表明，青春期的早晚快慢受遗传、营养、生活习惯、情绪及周围环境等因素的影响。

医学上将青春期发育的早晚归为不同的发育类型。一般来说，分为早熟型、均衡型和晚熟型。早熟型的孩子青春期开始最早，八九岁就进入了青春期；均衡型一般是 12~16 岁进入青春期；而晚熟型在 15~16 岁才进入青春期。

为什么到了青春期就会长毛毛

进入青春期以后，男孩子突然发现自己从内到外都变了。似乎是一夜之间，自己身上多出了很多毛毛。你有没有因为这些毛毛而烦恼过呢？

洗澡时，逸飞突然发现在自己私部长出了怪异的毛毛，他被自己的这一发现惊吓了。他突然想起去公共澡堂时曾见到大人们身上有很多毛毛，以为只有大人才会有的东西怎么在自己身上也有了呢？

他很不理解，每一次去厕所时也开始感到不好意思，偷偷看同学一眼，发现同学的身体并没有变化，而自己是怎么回事呢？他百思不得其解。

后来班里的其他孩子也出现了这些问题，有的嘴唇旁边长出了小胡子，看上去上嘴唇脏乎乎的。也有的人腿上长了汗毛，毛茸茸的，自己看着也感到很困惑。

"我不喜欢别人用开玩笑的语气对我说：小家伙你长胡子了！这让我感到自己特别透明，我自己的身体他们好像了如指掌似的。

"难看死了，我要拔掉它……这东西太讨厌了。"

>> 给男孩的悄悄话 <<

相信很多男孩子在当时都存在这样的困惑。因为突然之间自己的阴部、腋部、胸部、腿部、唇边，甚至脚上都会出现毛茸茸的细毛，变得连自己都不太敢认了。那么，这些毛毛究竟是怎么出来的？

其实，这些毛毛的到来是一个好的音讯，它告诉正在成长的你，其实已经不知不觉踏上了通往成熟男性的路途。一般来说，男孩子到 13 岁左右，会从阴茎根部的两侧长出体毛，也就是阴毛。这时候的阴毛往往颜色浅且细，随着青春期的发育，这些阴毛会逐渐增多，逐渐覆盖阴部，毛毛颜色逐渐加深、加粗，并开始变得有些卷曲。这些毛毛其实都是在青春期男孩体内分泌的雄性激素的刺激下产生的，在长出阴毛的同时，男孩子还会陆续长出腋毛、胡子，身体上的体毛也会变得长且浓重。这些都属于正常现象，男孩子没有必要为此而烦恼和担心。这反而证明了自己在外形上开始变得成熟。

男孩子应该注意，对于这些自己并不十分喜欢的毛毛，不要用镊子或手拔掉，也不要用剃须刀刮，否则很容易破坏毛毛周边的毛囊，容易感染毛囊炎或引起皮肤感染。

其实，男孩应该正确看待这些毛毛，并且认识到它们的出现是青春期男孩第二性征的表现，并不会对自己造成伤害，所以，对于自己突然变成满身长毛的"小泰山"，男孩也不必有太多的顾虑，顺其自然就好了，因为健康最重要。

男孩子的胸部也会增大吗

随着青春期的到来，很多男孩子也会出现乳房肿胀，并伴有疼痛。他们会担心自己与别的男生不一样或者自己得了什么病，因此而苦恼万分。

高君打篮球的时候，胸部被同学手肘碰了一下，当时挺疼。大家一起玩儿，难免会有碰撞，加上过了一会儿就不疼了，所以高君就没太注意。

几天过去了，高君洗澡时偶然发现，自己的乳头部位突起，有时候碰到会疼，揉一揉，觉得里面好像有肿块。高君以为是打篮球时碰的，就去药店买了些消炎药。可是几天后肿块还在，并没有消失，并且又大了一些，高君有些害怕，就让爸爸带自己去医院检查。医生看了看说，不是肿块，是乳房发育。高君和爸爸听后吃了一惊。不是女生才乳房发育吗，怎么自己一个大男生乳房还会发育，真不可思议。医生说，青春期男孩分泌雄性激素时也分泌雌性激素，导致乳房发育。这是很正常的现象，没什么，过一段时间就好了。但要注意不要过度使用补品，因为有些补品含有激素，会使乳房异常发育。

高君回家后，把这事情告诉了妈妈。妈妈听了也很吃惊，说："以后不再随便给高君买补品补身体了。还以为多吃些补品，对正在长身体学习压力又大的高君是好事儿，没想到反而弄巧成拙，以后可要注意。"

>> 给男孩的悄悄话 <<

青春期，与高君有着同样烦恼的男孩并不在少数。有个男孩担心地说：我的乳房很肿，摸上去感觉乳房内有一个硬块，并伴随有疼痛感。还有的男孩之间会开玩笑说某同学乳房变大了要变成女孩子了。可以看出，很多男孩会有这样的疑惑：乳房发育不是一般指女孩吗，难道男孩子的乳房在青春期也会发育？其实这是一些认识上的误区，男孩子在青春期也会有乳房的发育，这属于正常现象。

其实，男性青春发育期的乳房发育也是第二性征的表现，也会出现硬块，这是正常的生理变化。乳房主要是由乳腺组织和脂肪及结缔组织构成的，乳腺细胞能识别和接受雌性激素，当二者结合后就会使乳腺细胞增生，乳房发育隆起，乳晕可能会变得更宽，颜色更深，乳头变得稍大，等等。

男性青春期乳房发育是指男性在青春发育时，乳腺组织良性增生所导致的一侧或两侧乳腺的增大。一般发生在 12 ~ 16 岁，增大的乳腺组织一般不超过 3 厘米，可能是不对称的，并有轻度触痛，大多持续 12 ~ 18 个月，随着性发育的成熟而逐渐缩小至消失，也有的持续 2 ~ 3 年，甚至长期存在。

男孩进入青春发育期后，睾丸在产生分泌雄性激素的同时，也分泌极少量的雌性激素。雌性激素便使乳头部位的乳腺细胞不断增殖，导致乳房形成硬块，肿块一般不会超过乳晕。当然并不是每一个男孩都会乳房明显增大，有的男孩子雌性激素分泌微乎其微时就看不出变化。形成的硬块几个月后就会随着内分泌的调节自然消退，所以一般不需要治疗，不影响其他第二性征的继续发育。

青春期，我成了"沙嘶劈哑"

相信很多男孩子经历过这样的苦闷，那就是自己的金嗓子在不知不觉中变成了公鸭嗓，因此而变得不再喜欢说话，在班里的表现也不活跃了。其实，变声是青春期十分正常的生理现象，男孩子没有必要为自己好嗓子的丧失而悲伤。

韩冲是一个初二的男生，他一直都是班里的活跃分子，还因为自己清脆的嗓音，一度想等到高考了之后考取播音主持专业，成为一名新闻联播的主持人呢。

但是自从寒假过后，大家眼里活跃的韩冲开始变得沉默，他不爱参加集体活动了，也不爱和同学们一起玩，总是在自己的座位上低着头忙忙碌碌，而且好像不太开心的样子。

韩冲究竟怎么了？班主任李老师也注意到了韩冲的变化。有着多年班主任工作经验的李老师利用一个自习课的时间，把韩冲约到了操场上。

"小伙子，这次学校的朗诵比赛怎么没有报名呀？"

"嗯，嗯，我不太想去，我，我……"他吞吞吐吐，也没有说明白自己为啥不想去。

李老师耐心地看着他，听着他瓮声瓮气的回答，微笑着说："是不是觉得自己声音不如以前好听啦？"

韩冲本来低着头，看着自己的鞋子，突然抬起头，跟老师说："是呀，我的嗓子突然毁了，天天哑，开始以为感冒了，后来一直这样。我一听到自己这么难听的声音，就再也不想说话了，怎么能参加朗诵比赛呢？还不够丢人呢！"说到最后的时候，他的眼睛里已经闪出泪花。韩冲为了嗓子的事情已经苦恼了好久，经李老师这么一问，禁不住难受，都快要掉下眼泪了。

李老师耐心地给他讲解了青春期男孩发育时候关于变声的问题。李老师的话为他解开了心中的困惑，他的脸上重新绽放了笑容，李老师看着他雀跃的背影，由衷地笑了。

>> 给男孩的悄悄话 <<

相信很多青春期的男孩子可能曾经被女孩起过"破嗓子""唐老鸭"这样的绰号，这真是让青春期的男孩感到郁闷。"为什么我变她不变？为什么自己有种沙哑带磁性的感觉？"要想解决这些疑问，就有必要来了解男孩子的"变声"这一生理现象。

变声指的是人的声音由童音变为成人声音的过程，这是人成长成熟的一个必经阶段，不仅是男孩，女孩也会经历一个变声的过程，只不过女孩子变声不如男孩子明显罢了。

那么进入青春期后声音为什么会变呢？这是因为人的声音主要是由声带的震动引起的，而声带的震动又与喉头的发育直接相关。进入青春期之后，由于雄性激素的分泌增多，会刺激男孩子喉头的快速发育，喉头逐渐变得突出，形成男性特有的喉结。与此同时，声带也跟着增长、增宽和增厚，这样经由声带的震动而发出的声音就逐渐变得低沉，由此，男孩子曾经细而高的童声就逐渐被粗而低沉且略带磁性的音质所代替。这也就是所谓的青春期变声。

我的外号叫"骆驼"

青春期男孩出现驼背是很常见的，一般认为这是由于脊椎承受的负荷超出其负载能力而导致平衡失调引起的。有的同学会得来"骆驼"的绰号，因此而苦恼。所以了解一下驼背的知识，有助于同学们远离驼背。

林远涛的妈妈一直为林远涛的小驼背烦心。林远涛的爸爸妈妈身材都很挺拔，林远涛虽然个子没问题，但是驼背弯腰的，看着没精神。奶奶也说小小年纪，应该朝气蓬勃像个小马驹似的才对。所以林远涛只要在家里一弯腰，大家谁见到谁就会过去给他拍直，有时会吓林远涛一跳，弄得林远涛很气愤。

林远涛的妈妈跟爸爸商量，想带林远涛去医院检查一下，看能不能给孩子纠正过来。远涛的爸爸说："现在的孩子书包那样重，天天闷着头看书，你就是纠正了，不注意也是不行。"远涛的妈妈想了想觉得也对，不过也不能不管呀。于是跑到商场给远涛买了有助于脊柱健康的书桌、书包，还有矫正姿势的用品，等远涛回家拿给远涛用。

可是看着远涛跳进家门的时候，妈妈觉得，其实这孩子用不着这些东西。原来远涛考试得了第一名，所以高兴得背也不驼了，精神也抖擞了，真像奶奶说的，像个撒欢儿的小马驹。林远涛的爸爸妈妈互相看了一眼，想到平时可能是给远涛的压力太大了，只注意孩子的学习和身体健康，没照顾好孩子心灵上的健康，于是决定星期天带远涛出去玩，好好跟远涛谈谈成长的事情，告诉他怎样面对困难与压力。

>> 给男孩的悄悄话 <<

青春期男孩出现驼背是很常见的，但是驼背不仅生理上承受着痛苦和折磨，还影响美观，对自尊心和自信心造成打击。

专家指出，青少年驼背除了遗传或外伤导致的脊柱变形外，更多的是由于平时身姿不对等后天原因造成脊柱变形而形成的。青春期的同学，由于要适应身体和心理的各方面变化，情绪不稳定，挑食、偏食等现象很普遍，这样会造成营养的不充足、不均衡，再加上体育锻炼过少，就会出现驼背现象。

当然，处于青春期的男孩驼背和年龄阶段也有很大的关系，因为，青春期男孩的身高增长很快，有的男孩可能在 12~13 岁的一年里就增高 12 厘米。但是，在身高增长时也会出现"慢"的问题，比如，肌肉增长慢、身体横向增长慢等，这就造成身体纵向拉长，而横向的增长却跟不上纵向的增长。男孩与女孩相比个子增幅会更大，再加上天天坐在教室学习，如果坐姿不正确，就会形成驼背。

青春期的男孩，由于没有完全适应身体和心理的变化，会出现缺乏自信心、性格孤僻、怯懦等心理问题，导致男孩形成低着头含胸走路的习惯，久而久之也会形成驼背。此外，现在学生的负担还是很重，沉重的书包，也是造成驼背的因素。

青春期的尴尬事

什么是包皮过长

所谓包皮，是指阴茎皮肤在阴茎头处褶成双层的皮肤。现在关于包皮的广告纷飞，讲述了包皮过长给成年人造成的负面影响。但是，到底什么样的状态才称得上包皮过长呢？

小飞是一个活泼好动的初一学生，他刚入学就被老师选为班长，而后又因为擅长打篮球，学习成绩好，成为同学们都喜欢结交的男孩。小飞的父母很以他为傲，小飞也一直认为自己是个各方面都很突出的孩子。

这天课间，小飞和一名男同学去厕所，小便的时候，那名男同学无意地看了小飞一眼，眼睛随后便瞪得很大，他指着小飞大叫起来："小飞，你，你这个……"其他男生闻声也围了过来，大家都盯着小飞的"小弟弟"，小飞莫名其妙地问："怎么了，有什么问

13

题吗?""是包起来的!怎么没有'头儿'啊?跟我们的怎么不一样啊?"男生们指着小飞的"小弟弟"窃窃私语,小飞羞红了脸,他迅速地拉上裤子,跑回了教室。

回到家里,小飞关上门拉开裤子看看,自己的"小弟弟"好像真的和其他同学的不太一样……这个发现让小飞很伤自尊心,他觉得样样出色的自己,这下子脸面丢大了。

小飞的闷闷不乐引起了父母的注意,爸爸问了他好几遍,他才吞吞吐吐地告诉了爸爸原因。爸爸听后哈哈大笑。爸爸拿出生理方面的书籍,耐心地为小飞讲解生理知识,让小飞知道这并不是什么难以解决的事情。

放暑假的时候,爸爸带小飞去医院做了割包皮手术。开学之后,小飞又恢复成了那个活泼开朗的男生了。

>> 给男孩的悄悄话 <<

包皮的功过自有不同的说法,有的人认为,包皮能保护阴茎,而有的人认为,包皮过长会藏污垢,不利于健康;男孩的包皮会呈现出不同的差异,有的显得长些,有的则刚盖住龟头。

一般在青春期期间,阴茎会猛增,龟头也开始膨胀,勃起时龟头就会暴露出来。正常的情况下,此时能将包皮轻易地拉到龟头后面去,并不再完全盖住龟头。但是,也有一部分男孩子进入青春期后,阴茎头仍然被包皮严实地覆盖不能显露出来,这就是所谓的包皮过长。严重者则包皮无法往后拉,龟头也无法完全显露时,这样

14

的被称为完全性包茎。

包皮过长会窝藏分泌物，给细菌提供滋生的环境，从而引起包皮和阴茎头发炎，导致龟头红肿、痒痛，严重者会糜烂、溃疡、有异味，诱发阴茎癌等。青春期是男孩转为男人的过渡期，为了成年后的健康，对包皮过长要给予重视。

一般来说，如果包皮稍微长点，开口宽大易于上翻，这样也便于清洗，只要多注意清洁，经常将包皮翻过来彻底清洗并保持干燥就不会影响正常的生活。但是，如果开口过小，不便于清洗，并且曾引起过阴茎发炎等情况的话，就应该考虑进行包皮环状切除手术。

一般而言，包皮手术应在青春期前后进行，不需要全身麻醉即可进行手术。

为什么"小弟弟"总偏向一侧

许多男孩发现自己的"小弟弟"在勃起时总会偏向一边，这些男孩子会担心弯曲的"小弟弟"是否健康。

小文是个内向的男孩子，他喜欢读书，喜欢写文章，更喜欢思考，钻研问题。但是这几天，小文发现了一个让自己很困惑的问题，那就是他的"小弟弟"总是偏向一边，他把它拨到另一侧，"小弟弟"又会自己歪向那一侧。

"我不会是有什么问题吧？"读过很多书的小文虽然年纪小，生理方面的知识有限，但是他隐约记得一些书上对"小弟弟"的描述。

越来越担忧的小文不敢把自己的害怕告诉父母，他怕父母以为自己不好好学习，整天胡思乱想。他也不敢和同学们说，担心同学们笑话他。

"小文，我们去游泳吧。"同学叫小文。小文慌乱地摇头，他说自己还有事，就赶紧跑了。泳裤那么贴身，万一被同学们看到，岂不是要笑话自己。

怀揣心事的小文在回家的路上，遇到了另一位同学小凯。"小凯，你怎么没去游泳，大家都去了。"小文问道。

"我，我有事。"小凯吞吞吐吐地答道。

小文也有自己的心事，没有多问，二人就各自回家了，其实小凯也正是有着和小文一样的担忧才没去游泳。

这件事情让这两位青春期的少年陷入深深的隐忧之中，而又不知道该向谁诉说。

>> 给男孩的悄悄话 <<

小文发现自己的"小弟弟"总偏向一边，以为是自己身体不健康，这样由于阴茎偏向一边给男孩带来尴尬的案例很多。其实，阴茎偏向一边的问题是大多数男孩都会遇到的情况。一般情况下阴茎偏向一边是正常的现象，如果不是由于包皮系带过短，导致勃起后发生的偏向一边，就不需要过度担心。

在医学上，阴茎弯曲称为"阴茎海绵体白膜异常"，也就是左边部分白膜较多，于是就会把阴茎拉向右边，如果右边部分白膜过多，就会把阴茎拉向左边。有人经过观察和调查发现，那些习惯用右手触摸阴茎的人，其右侧的阴茎海绵体的发育就较快，在勃起的时候阴茎就会向左侧偏，反之也是这样。

目前，还没发现阴茎弯曲和穿过紧的衣服有关，但是处于青春期的男孩，阴茎处于发育速度较快的阶段，最好还是选择宽松的裤子，这样可以给阴茎提供一个相对自由宽松的环境。如果你很介意阴茎总是偏向一边，不妨在触摸阴茎时经常左右手交替使用。其实阴茎偏向一边是正常的生理现象，只有极少数男性的阴茎是直立的，并且阴茎弯曲也不会影响日后的生活。

"流白"是怎么回事

青春期的不少男孩子的尿道口会流出白色的分泌物，有时候被同学们误认为是遗精，这到底是怎么回事呢？

城城和光光是孪生兄弟，两个人的感情很好，从小在一张床上睡觉，一张桌上吃饭，形影不离。

这日，光光从外面玩耍回来，发现城城满脸担忧地趴在床上："你怎么了，刚才叫你你也不出去玩儿。"城城不好意思地看着光光："我，我有点不舒服。""你怎么了，是不是病了，我叫妈妈去。"光光准备去把在客厅看电视的妈妈叫进来，却被城城一把拉住。"别叫妈妈，"城城一脸紧张，"我告诉你，我，我可能得什么奇怪的病了。"

城城搞得光光也很紧张，原来，城城这几天，总是发现自己的尿道口有白色的分泌物。这在以前从来没有发现过。城城在学校上厕所的时候故意观察了其他男孩，却没发现和他一样的人。城城认为自己得病了，光光也摸不着头脑："要不，我们还是问问妈妈吧，让她带你去医院看看。""我不去，不要告诉妈妈，这太丢人了。"城城把自己埋到被子里。

看到弟弟这么难受，光光也手足无措，他不明白，为什么弟弟会出现白色的"尿"，两兄弟就这样惊恐不安地过了好几天。

直到有一天上生理课，老师讲解生理知识的时候，两兄弟才明白，原来这叫"流白"，属于正常的生理现象。两个人才松了口气。

>> 给男孩的悄悄话 <<

就上面故事中那个男孩遇到的那种现象，其实很多青春期的男孩子都有。进入青春期后，男孩子便会对性刺激敏感了。当男孩接受视听上的性刺激时便由尿道口流出一些清凉的分泌物，分泌物有时还会略带乳白色，这在医学上称为"流白"。

一般情况下，男孩子性成熟后便具备了生育的能力，尿道后端膀胱颈处的前列腺便会分泌前列腺液，腺液具有润滑、养护精子增强其活性的作用，这也是人类进化过程中保留下来的。

腺液就是男孩"流白"中的分泌物。因为尿液和精液都是经由尿道排出，所以，"流白"发生在尿道口。这是一种正常的生理反应，但这种润滑剂里面没有精子，当阴茎勃起海绵体充血时，"流白"就会更多，是为生育做准备的。有人认为"流白"是肾亏的原因，这是一种错误的认识。

青春期的男孩子"流白"是正常的生理现象，是为成人后生育后代做准备的。如果，男孩因"流白"困扰，可以尽量避开一些视听方面的性刺激，自己意识里也要适当控制关于性刺激的事情，与异性交往适度，专心于学习，转移注意力即可。其实，"流白"对身体没有什么损害，也不会影响到正常的生活和学习，无须为此担忧。

如果尿道口流出较多的白色分泌物，同时伴有明显的尿急、尿频、尿痛等症状，又有不洁性交史时，多为患了淋菌性尿道炎；分泌物较少而有明显的尿路刺激和不洁性交史，则可能患了非淋菌性尿道炎。这两种情况都是性传播疾病，应尽早就医，否则，有转变成慢性前列腺炎的可能。

我的"小弟弟"比别人的小

进入青春期的男孩子，会对自己的身体，特别是性器官有个初步的认识，但是有时会存在着一些误解。一些男孩误把阴茎的大小等价于自身的性能力。其实，认为阴茎大性能力就强是不科学的。

李明是个奇怪的男孩，他从不和大家一起洗澡，就算是夏天热得受不了的时候，男孩子们跳进河里，打水仗嬉戏玩耍，李明也是躲在岸上，不肯下水。

开始男孩子们还会叫李明，时间一久，大家也就渐渐遗忘了李明的存在。李明的妈妈看在眼里，很是担忧，她害怕李明有忧郁症，不合群。

于是，她和李明爸爸说了李明的情况，李明爸爸是个内科医生，平时工作很忙，不常关心儿子。听说儿子最近表现得很抑郁，他很担心。

这天，他故意提早下班，在李明放学路上等着李明。"爸爸，你怎么来接我了？"看到忙碌的爸爸专门来学校等他，李明很是吃惊。爸爸笑着搂住李明的肩膀，"咱们父子俩好久没一起散散步了，爸爸来接你正好和你散散步，谈谈心。"

在散步的途中，爸爸知道了李明忧郁的原因，原来，李明有一次洗澡，一个男孩无意嘲笑李明的"小弟弟"小，李明不服气，于是，澡堂里几个男孩子就纷纷比了起来，果然，李明是最小的。这给李明带来了不小的打击，从此后他便拒绝和男孩子们一起洗澡、玩耍，他害怕遭到嘲笑。

"爸爸，我是不是有什么病啊？"李明终于将内心的担忧问出。爸爸哈哈大笑，"你还小，发育还没完全，等你长大了，就不会存在这个问题了。"

>> 给男孩的悄悄话 <<

其实，男孩子们对阴茎的大小不用这么在意，到底是多大为大、多小算是小不能武断定义。在现实生活里，阴茎的大小是不会影响夫妻生活的。所以，阴茎比别人小的男孩，不必为此担忧。

男孩在青春期，会把阴茎的大小看成自己未来生命力的标志，最容易忧虑阴茎的大小。很多男孩子在一起比较阴茎的大小，比别人的大就会很高兴，比别人的小的男孩就会产生自卑感。

青春期的男孩必须明白阴茎的大小不影响性能力，因为自己的"小弟弟"比别人的小而自卑是没有必要的。男孩要摒弃那种错误的认识，拒绝受某些广告与偏见的影响。摆正自己的心态，因为，男子汉的气概是多方面的综合气质，提升自己的人格修养，增加自己的学识才是最重要的。

再说了，处于青春期的男孩，阴茎正是迅速发育的时候，有的增长得较早，有的可能会晚些，所以，不必过早在意。

生殖器发育有个体差异，我国成年男子的阴茎长度，在正常非勃起状态时为 4.5~8.6 厘米，勃起时为 7~16 厘米，均属正常。一般阴茎会长到 25 岁左右。

推算阴茎大小是否正常的公式：国际男性保健组织(MTD) 通过近 30 年研究得出：正常阴茎长度 M=(身高 T−105)×0.618/3.14(厘米)，正常阴茎直径 D=M/3.14(厘米)。上述公式只是根据大多数的统计数字进行计算，实际数据证明阴茎长度和身高没有关系。阴茎的大小和种族以及遗传的关系比较密切。

阴茎短小的诊断要点如下：

1. 阴茎短小，在勃起状态下长度 <6 厘米；非勃起状态下长度

<3 厘米。

2. 难以或不能进行正常性生活，或不能完成直立性排尿动作。

3. 多伴有男性副性征发育不全，或伴有其他生殖器官畸形。

4. 性染色体检查多属正常，其组型是 46，XY。

阴茎短小症状：

1. 阴茎疲软时自耻骨到阴茎头的长度小于 6.5 厘米。有的小阴茎长度不到 3 厘米。

2. 睾丸很小，有的只有花生粒或者拇指大小，且质地较软，有的阴囊里根本没有睾丸，称为隐睾症。

3. 第二性征发育不良，无胡须、腋毛和阴毛，而且还不同程度地显出皮肤细嫩、音调尖亢、无喉结等女性的特征。

4. 体型改变：肥胖、乳房发育，臀部增大，身材矮小等。

5. 精液中常常无精子，但有时可见生精细胞。

6. 睾丸、阴囊及前列腺不育发育不全。

7. 阴茎勃起无力或不能勃起。绝大部分是不能勃起。

8. 严重的小阴茎可出现排尿困难。

男子汉的"面子"事

青春期脸上为什么会长痘痘

很多刚刚步入青春期的男孩都会有这样的烦恼："既然给了我青春的美好，为什么又让我遭遇到这么多讨厌的小痘痘？"继而发出这样的疑问："我可不可以只要青春不要痘？"

李新最近总是一副战战兢兢的样子，满脸的不自信，连走路都要低着头。甚至说话的时候，也要用手遮着鼻梁，好像生怕做错了事情一般。班主任王老师察觉到这种现象以后，起先只是疑惑，是否是青春期的孩子都愿意玩所谓的"低调"，试图模仿明星风范：头发长了，不愿剪，红着脸说，这发型帅气；上课不抬头，说是在"思考"；本来活泼风趣的孩子，突然在女生面前羞怯起来……王老师仔细回想，越发觉得这不可能仅仅是所谓的"明星效应"。

他找来李新的父母，与他们聊了一些日常发现的问题，希望父母在家多关注孩子这方面习惯形成的原因。

在接下来的几天，李新依旧是天天揣一个小镜子，不时偷偷瞄上几眼，干什么事情都低着头，成绩也不见起色。

妈妈想，孩子这么在意形象，是谈恋爱了吗？可是这也不应该与女生说话脸红啊……越来越迷惑的妈妈询问多次失败，终于留意到每天晚上孩子都会跑到卫生间里照镜子洗脸，便在一旁偷偷留意起来。终于有一天，她走到卫生间门口，李新正撩着额上留长了的头发，对着镜子涂药膏呢……

>> 给男孩的悄悄话 <<

青春痘，虽然挂着"青春"的头衔，可相信不会有人喜欢它的到来。让人懊恼的是，青春期也恰恰是这些痘痘生长的黄金时段。男孩在步入青春期以后，体内的荷尔蒙分泌急剧增多，会刺激体内毛发的增长，从而促进体内皮脂腺分泌更多的油脂，毛发和皮脂腺因此会堆积许多物质，使油脂和细菌附着，引发皮肤红肿，这也就是青春痘的出现。

当然，并不是每个青春期的男孩都会长痘痘，痘痘也不是只长在青春期的青少年身上。青春痘的出现除了与青春期的生理特征有关外，青少年平时的生活环境和习惯也会对青春痘的出现产生影响。如果长时间生活不规律，经常熬夜导致睡眠不足，或是平时压力过大使得心情长期处于低谷，或是饮食习惯不好等情况都会加剧青春痘的生长。

其实对于这些讨厌的痘痘，正处在青春期发育的男孩们也没有必要太过恐慌，只要平时多注意自身的清洁卫生，养成良好的生活习惯，每天保持好的心情，那么这些痘痘也就不会长时间为难你了。

同时，青春期男孩千万要管住自己的手，不要去挤压脸上的痘。有不少成年人在年轻的时候长过痘，一些人很在意自己的"面子"，生怕别人看到他脸上的痘痘，所以经常用手去挤。这样做不仅使挤破的地方发炎，甚至还落下一个个小痘疤，更影响脸部的美观。

男孩子护肤会被别人笑话吗

男孩子应当是具有男人味的，不能涂脂抹粉的，那样就和女孩子一样了。如果有的男孩喜欢擦护肤品，或是对皮肤做些保养，就会被其他男孩所看不起，其实这样的观念是不对的。

小李是个秀气白净的男生，他妈妈是著名的造型师，小李从小就在各种化妆品、名牌服饰中长大，耳濡目染，小李对打扮很在行。

读初中后，小李选择了住校，不几天，他发现宿舍的男生都用一种很奇怪的眼神看着他，大家是怎么了？小李有些纳闷。

这天，班主任忽然把小李叫到了办公室："小李，听同学们说，你每天在宿舍里化妆吗？"

小李摇头："我没有化妆，我只是用一些护肤品。"小李对老师讲了妈妈的职业，还有妈妈从小就教给他如何护理皮肤的事情。

老师理解地点点头，后来，老师在教室里也向同学们解释了小李这件事情。但有些男同学还是不能够接受。

有一次，小李去厕所，无意听到几个男生聊他。

"男生还擦这个擦那个，娘娘腔，你看他长那样子，真不像男生。"

"就是，男生还在乎这个？"

"最讨厌娘娘腔了。"

小李很苦闷，自己不过就是对皮肤比较在乎，怎么就成了娘娘腔了呢？男生就不能护肤了吗？

>> 给男孩的悄悄话 <<

许多男孩子从不护肤，他们认为男孩就应当粗犷些，就算脸上皮肤干燥些，长些痘痘，那也是无所谓的事情。男性的皮肤较粗厚，油脂分泌多，易使污物，尤其是脂溶性有机物质和许多种微生物积蓄，而诱发炎症和感染，导致毛囊及皮脂腺疾病，尤其人到中年时，由于生理功能的衰退，容易出现皱纹、松弛、水肿等现象。

护肤并不是女孩的专利，男孩子同样有护肤的权利，青春期的孩子皮肤虽然很年轻，但处于成长发展的时期，这个时期的男孩子皮肤会发生一些变化，出油、长痘痘，如果不认真对待，将来脸上就可能会留下痘痕，这是一辈子也无法抹去的痕迹，对将来求职、恋爱都会有影响。因此，男士进行科学的护肤是非常重要的。

男孩应该大大咧咧有男孩的样子，这样没错，但这并不意味着男孩就要忽视一些细节，认真对待自己的皮肤，也是男孩子应该做的。

屈原在《离骚》中描述自己身披香草鲜花，气宇不凡，两晋时期才子潘安"姿色姣好，神情亦佳"均是历史上有名的美男子。文人雅士注重"才华"内在美的同时，都较为注重自己的仪表和外在气质。随着社会科技的发展，针对男性肤质特点而研制的护理产品，可以有效洁净肌肤，还给肌肤滋润补给与清爽舒适的感触，让男性更有面子。

不能拔胡子

刚刚步入青春期的男孩，对于初次到来的"胡须先生"，在如何处理方面会存在一些盲点或误区，而这误区往往会对自己造成一定的伤害。

今年刚上高中的少华看着镜子里自己的下巴，皱着眉摇了摇头，那三五根刚冒出来的胡子就像是长在心里的刺，看着别扭。他盯着镜子的自己看，真丑，像个老头，他开始在心里嘀咕解决方法：用老爸的刮胡刀？听说用了刮胡刀之后，胡子就会长得更快、更密，而且必须要天天刮才行，否则就会很快长出茂密的胡子来。就这么留着？跟老山羊一样，本来就瘦，再加上这几根胡子，去了学校，同学们肯定给我起外号，没准就是老山羊之类的名字，多难听呀！胡子不能留，也不能让它长得更旺盛，只有一个方法了：拔！

少华思前想后，做了这个自认为十全十美的决定，他进了卫生间对着镜子揪住了一根最长的胡子一端，使劲拽了下来，好疼，他捂着下巴揉了半天，强忍着才没有喊出声来。胡子是没了，周围的皮肤都红了，而且很疼。但是为了美，少华不顾疼痛难忍，又一一拔下了剩下的几根。

没过几天就开学了，胡子的事情也被少华甩到了脑后，但是，一次早晨起来洗漱的时候，突然发现下巴上起了好几个大大的包，跟青春痘似的，但是都在下巴周围。他也没在意，以为是青春痘。

拔胡子的事情继续着，他坚决要清除掉那些长出来的胡子，可是下巴上的痘痘也层出不穷，他终于忍不住，去问了教生理课的生物老师，那个男老师是个刚从大学分配来的老师，跟他们也差不了几岁。那个男老师听了少华的问题之后，笑着问："你拔胡子了吧？"少华惊诧地说："老师，你怎么知道？"老师笑着告诉少华胡子是不能乱拔的，不仅疼，而且影响美观，还会引起感染……

>> 给男孩的悄悄话 <<

如果男孩子细心的话，会注意到一些很有特色的胡子造型，如鲁迅先生的八字胡、阿凡提的山羊胡，抑或是两鬓连至下巴的络腮胡，这些胡子似乎已经成为某些人或某些种族的标志，当然，胡须也是男性的一项专属。

男孩子在进入青春期后才会长出胡子，这是体内分泌出来的雄性激素激发出来的，而且刚开始出现的胡子通常比较稀疏，比较细，有种茸茸的感觉，因此有些男孩子就会觉得很难看，于是他们就学着大人那样每天起来都将胡子剃掉。其实这样做完全没有必要，随着青春期的发育，胡须会自己慢慢变得茂盛起来的。

但是有些男孩子会对着镜子拔胡子，这样的做法可就要不得了。因为胡须周围有丰富的血管和组织，如果用手拔的话很容易损伤这些组织，不仅自己感到疼痛，而且很有可能因为手的不洁净而使得细菌侵入皮肤而损伤毛囊，引起炎症，如果情况更严重的话很有可能会导致永久性的脱毛症状。

难闻的汗臭味

处于青春期的男孩由于腺体分泌旺盛，汗腺都很发达，尤其是到了炎炎夏季，汗腺的分泌更加旺盛，如果不能及时地蒸发和清洁，在细菌的作用下会产生难闻的汗臭味。很多男孩还会认为这是一种不会影响身体健康但又挥之不去的病。

成军是个热爱运动的男生，上了初中后，他加入了校篮球队、校足球队、校羽毛球队。每天都活动在操场上，挥汗如雨。

本来，男孩子喜欢运动这是好事，锻炼身体，强健体格。但是成军渐渐发现，自己开始被同学们疏远，他不明白这是为什么。

有一天，他打球回来，满头大汗地坐到座位上，同桌捂着鼻子，一脸厌恶地看了他一眼，把凳子往另一边移了移。

"你怎么了？不舒服吗？"成军关心地凑了上去。

"没，没什么。"同学嘴上虽然这么说着，但还是躲着成军。

摸不着头脑的成军闷闷不乐地打开书本，放学后，成军走在回家的路上，遇到了之前的邻居小伟，二人亲热地打着招呼。小伟刚运动完，一头大汗，成军闻到小伟身上的汗臭味："你这汗臭味太重了啊，得赶紧洗澡去。"

小伟哈哈大笑："你还笑话我，你运动完，比我还严重呢。"

小伟的话提醒了成军，他忽然明白过来同学们的反应是怎么回事了，原来是嫌弃自己身上的汗臭味。

"谢谢，谢谢，我终于知道了。"成军向一脸莫名其妙的小伟道谢后就跑回家了，困扰他很久的心结终于解开了。

>> 给男孩的悄悄话 <<

随着青春期的到来，男孩迎来了人生的转折，有许多惊喜不断出现，但是也会出现一些让人烦恼的事情。有的男孩会发现自己身上开始有一种很难闻的汗臭味，特别是那些爱运动的男孩子，刚上过体育课的话，周围同学会抱怨脚臭的男生。于是身上有汗臭味的男生就会觉得很自卑，怕给别人带去不舒服，不敢和别人走得太近。

到底这可恶的汗臭味是什么原因造成的呢？根据医生的解释，青春期的汗臭是一种正常现象，不是什么病症，它主要是由于青春期的孩子腺体分泌旺盛，大汗腺分泌增加，就会出大量的汗液。大汗腺主要分布在腋窝等不便于立即清洗的地方，这些汗液分泌多的部位，就会有大量的细菌在这里繁殖。而细菌则会把汗液分泌物分解成不饱和的脂肪酸和氨，就会散发出难闻的汗臭味。

一般来说，出汗对身体是很有好处的。它是人体正常的新陈代谢，可以把杂质排出体外，还可以调节体温，是机体的一种体液调节。由上文可以看出，汗臭味并不是由出汗多直接引起的，汗液不会散发出臭味。其实，只要多注意个人卫生，及时清洗汗液分泌多的地方就会减少汗臭味。比如有轻微的腋臭，只要做到勤换内衣内裤、勤洗澡，然后在腋下部扑洒适量的爽身粉或芳香剂就可以有效地去除异味。再如脚臭，尽量穿透气性好的运动鞋，多注意个人卫生就会好些。

青春期的学生正是爱美的时候，觉得汗臭味让人不喜欢自己，这种心态也是正常的。但是，不能为此就不去运动，人为地减少出汗或抑制出汗，这种做法是不科学的。

我会不会秃顶

头发的新陈代谢分为静止、生长、消退三个时期，而正常的脱发是头发新陈代谢的自然表现。正常人每天适当掉发属于正常现象。所以，青春期的男孩不要把正常的脱发认为是秃顶的前兆。

这两天，总是看到徐立闷闷不乐的样子，同桌卞杰不禁为他感到担忧。"徐立，你怎么了？"他不禁关切地问徐立。"卞杰，你看我的头发，每天都会掉一把。再这样掉下去，我的头发没有了怎么办？那样秃顶的脑袋多难看啊！"徐立说着说着带哭腔了。

其实徐立多虑了，再怎么掉头发，也不至于秃顶啊。晚上回到家，卞杰从电脑里翻出一张徐立的照片，用方法把他的头发去掉，得到一个谢顶的徐立，然后独自欣赏了好半天，伴有傻笑……千万不要叫卞杰是"坏小子"，谁叫徐立他总是杞人忧天呢。

"卞杰，你在干吗？"妈妈可能是听到卞杰的笑声，所以进屋来看看。"妈妈，你看，如果徐立没有头发了，他就会变成这个样子。"卞杰指着自己的"杰作"对妈妈说，"徐立这几天可郁闷了，就因为掉了几根头发，居然担心自己会秃顶。""卞杰，你真是太淘气了。"妈妈对卞杰的行为感到很无奈，"徐立爱美，掉了头发心里当然难过啦。你呀，要体谅他才对。""嗯，我也没有说他什么啊。"卞杰明白妈妈的意思，同学之间不可以开过头的玩笑，何况徐立还是他的好朋友。

>> 给男孩的悄悄话 <<

脱发是指头发脱落的现象。正常脱落的头发都是处于退行期及休止期的毛发，由于进入退行期与新进入生长期的毛发不断处于动态平衡，故能维持正常数量的头发，以上就是正常的生理性脱发。病理性脱发是指头发异常或过度的脱落，其原因很多。

浓密乌黑的头发是男孩英俊帅气、生机盎然的象征。处于青春期的男孩，导致脱发的原因有很多，也很复杂。根据现代医学的研究，青春期脱发主要是由以下原因引起的：

1. 遗传因素。脱发与遗传因素有一定的关系，如果父母脱发，其子女也会出现脱发的现象。

2. 营养失调。头发的生长发育状况与蛋白质、维生素和矿物质有着密切的关系。有的男孩喜欢挑食，很容易使机体内营养失衡，某些必要元素的摄入不足是脱发的一大原因。

3. 内分泌紊乱。男孩进入青春期之后，体内的各种激素水平开始发生重大变化，无论是雄性激素分泌过多，还是雌性激素分泌过少，都会引起脱发。

4. 过度用脑。青春期的男孩一般都有很大的课业负担，以致用脑过度。大脑长久处于紧张状态，致使头部血液主要集中于脑部，头皮的血液相对减少引起脱发。

5. 疾病因素。如果患有真菌感染、头发湿疹、贫血等症状都会导致脱发、秃发。

我也想去整容

美丽是上天赐予的，美丽是自己精心呵护的，每个人都想拥有一副完美的面孔。随着现代医学技术的进步，医学整容开始风靡，越来越多的人参与其中。经家长反映很多男孩闹着要去整容，这对青春期的孩子们来说，有点反常。青春期可以说是人生中非常美丽的时候，这些青春期的孩子怎么还强烈要求整容呢？

施卫是一个积极上进的大男孩，他在学校深受女孩子的喜欢，因为他长得很帅气，唱歌也好。常常有女孩子给他写纸条，说他长得像某个明星。时间一久，施卫就觉得自己是和这个明星长得很像。有空的时候，他就搜集这个明星的海报资料、光盘照片等。他搜集资料越多，就越觉着自己也能当明星。正巧暑假的时候，施卫所住的城市里举办了一场"明日之星"的选秀活动。

施卫也报名参加了。参加海选那天，本来信心满满的施卫受到了打击。前去参赛的选手都是俊男靓女，虽说施卫对自己的长相一向有自信，可和那些选手一比，他觉得自己逊色不少。

海选回来后，施卫灰心丧气地躺在沙发上，这时电视里的一个节目吸引了他的眼球，是一则整容医院的广告。施卫脑中灵光一闪，他决定要去整容，把自己整的跟那个明星一模一样。

"妈妈，我要去整容，你支持我吧！"施卫磨着妈妈好几天了。"可是，你长得不丑啊，干吗非要去整容，还要照那个什么韩国的人整，那整完了，还是我的孩子吗？"妈妈担忧地看着施卫。"我不管，我就是要整成那个明星的样子。"施卫铁了心要整容。

妈妈不同意，他就偷偷跑去整形医院咨询，后来，医院给他家里打电话，说了这件事情。老师和家长一起劝他，还给他讲了许多道理，才渐渐打消了施卫想靠整容走红的念头。

>> 给男孩的悄悄话 <<

现在社会上整容之风盛行，特别是影视圈里的整容炒作，给那些爱美的青春期男孩心里产生很大影响。青春期的男孩还不能够完全认识到整容的负面影响，所以，会特别羡慕别人整容变美，自己也会想整容。

随着青春期的到来，孩子身体会出现很大变化，他们敏感的心理也会注意到这一点，这时候，他们就会有意识地注意自己的形象。调查发现，青春期的男孩经常会研究自己是不是变漂亮了，以及和别人比较自己是否漂亮。这些心理都是很正常的，爱美之心人皆有之，更何况处于青春期的阶段，身体的改变会让男孩接受一个全新的自己。

但是，整容的必要性，还是为大多数人否定的。因为，整容带来的负面影响是无法弥补的，比如，有的人觉得自己的鼻子不够挺拔，就去隆鼻子，但是，隆鼻后发现只要一感冒隆过的鼻子就会非常难受，甚至会变形。就拿很多男性也做的双眼皮美容手术来说，经过仔细观察你就会发现，人工割的双眼皮看上去是很不自然的，有时还会像哭过后那样肿肿的。其他更大些的美容手术，负面影响就更多了，在此不做一一列举。

| 健康走过青春期

遗精了！我很下流吗

通常而言，12 岁以下的男孩子很少会遭遇到遗精的烦恼，因为遗精这样的现象往往发生在 14 岁以后。

秦老师发现，最近两个星期，林扬上课经常走神，脸色也不是很好，还经常称不舒服请假。秦老师几次关心地询问林扬是不是生病了，要不要去看医生，每次林扬都涨红了脸，连连摇头。秦老师觉得很奇怪，以前他可不是这样的，上课的时候很活跃，就是在课下，也经常和同学们打成一片。最近是怎么了？秦老师决定找林扬的父母谈谈。

林扬的父母跟老师说了一些林扬在家的反常表现：经常锁着房门不让父母进去，甚至还自己洗床单、被套，这在以前可是从来没有的。细心的爸爸似乎明白了什么，问妈妈："你是否发现林扬有过遗精的现象呢？"妈妈愣了一下，不好意思地说："上个月我给他叠被子时，发现床单上有块污渍，你刚好出差，我忘记和你说了。""那当时林扬怎么样?"爸爸又问。"很不好意思，什么话也没说。唉，现在的孩子，才 12 岁，就……"妈妈觉得不可理解。"那他锁门，洗被子是不是那次遗精以后的事情?"

在爸爸的追问下，林扬的妈妈才意识到儿子最近一段时间的异常表现：不太爱和父母说话，晚上睡得很晚，早晨很早就起来了。而且，也不让爸爸给他擦背了。

"儿子已经是个男子汉了，看来需要给他讲讲这方面的知识了。"爸爸笑着说。爸爸的谈话对林扬来说非常重要。最近一段时间，他已经陷入了深深的自责之中，他为自己的行为感到很愧疚，有一种罪恶感，甚至，他觉得自己很下流。

>> 给男孩的悄悄话 <<

用科学的眼光看，遗精其实是一个正常的生理现象，指的是不经性交而精液自行泄出的现象，通常发生在睡梦中，当然，也可能是无梦而遗。遗精现象可以分为两种情况，即生理性遗精和病理性遗精。如果遗精次数为一周两次或是更长时间一次，身体没有伴随任何不适症状，那么基本上属于生理性遗精。生理性遗精对身体没有任何损害，也不影响学习和生活。但是，如果遗精次数过于频繁，一周数次或是一夜数次，清醒状态下因为性意念而引发遗精，这样的遗精现象就属于病理性遗精，应该引起足够的重视并应该及时接受相应的治疗。

隐秘部位要呵护

对于步入青春期的男孩，有必要认识自己身体上至关重要的器官——生殖器。生殖器，也叫性器官，顾名思义，也就是用以繁殖后代的器官，因此，它对人类所起的重要作用也就不言而喻。

肖腾是个15岁的男孩，他腼腆沉默，在班里是那种默默无闻的男生，由于比较高，座位也在后排，只是和周围的几个人比较熟悉，跟前排的同学很少来往。最近，他变得更加沉默了，他有了自己的小心事，也有了自己的小秘密。而最苦恼的是，他不能跟任何人分享这个秘密，但是他面对这个秘密又不知道该怎么办。

肖腾怎么了？原来，他洗澡的时候，猛然间发现自己的那个部位不像以前那样了，它长大了许多，自己以前怎么没注意呢？什么时候变成了这样？洗澡的时候，不断地想，它怎么变得这么大了？而且周围还有了黑色的绒毛，弯弯曲曲地围绕在四周。别的男同学也是这样的么？好几次，他都想问问班上那几个要好的男同学，他们的"小弟弟"是不是也发生了这样的变化，但是一直都开不了口，觉得很不好意思。他不想任何人发现他的秘密，即使爸爸妈妈，他也不想告诉。

还是老爸敏锐的观察力帮他发现了肖腾的小秘密，老爸神秘地走进他的房间，还避开了老妈在家的时间。老爸说："儿子，跟你说点咱男人的事情!"肖腾看着老爸神秘到有点鬼鬼祟祟的样子,也来了好奇心:"什么男人的事情呢?"老爸说:"到了你这个年纪,就该是某些部位开始发育的时候了,你那儿有变化么?"说完指了指肖腾的裤裆。肖腾点点头。老爸继续说,"这个事跟老爸聊聊没啥不好意思的,我也是从你那个年纪过来的,但是由于当时不注意,走了很多弯路,现在老爸以过来人的身份给你讲点注意事项。"

父子俩开诚布公地谈论起身体的事情,肖腾开始觉得不好意思,老爸一再劝解,两父子开始了一场关于隐秘部位呵护的探讨。

>> 给男孩的悄悄话 <<

肖腾的小秘密,是无数青少年男孩曾经拥有过的秘密。对于步入青春期的男孩,有必要认识自己身体上的至关重要的器官——生殖器。

男性的生殖系统主要由内生殖器和外生殖器两部分构成,外生殖器包括阴囊和阴茎,内生殖器包括生殖腺体也就是睾丸、排精管道(附睾、输精管、射精管和尿道)以及附属腺体(精囊腺、前列腺和尿道球腺)。当男孩子出生开始的几年内,阴茎、阴囊和睾丸变化不大,当进入青春期后,阴茎开始逐渐变长变粗,阴囊和睾丸逐渐增长,且附近的皮肤颜色逐渐变黑,并在附近长出阴毛。

青春期正是男孩性器官成长的敏感时期,青春期又被称为"是非期"或是"朦胧期",男孩在步入青春期尚且有些许朦胧的时候,一定要及早认识到保护生殖器的重要性和必要性。只有这样,才能给自己一个健康的身体和未来。

怎样做才能少做性梦

性梦其实是进入青春期一种潜在性意识活动，也是男孩身体发育成熟的表现，是正常生理现象。

刘星最近表现得很低迷，上课无精打采，下课也不爱和同学们在一起玩儿。老师看到他这样，便主动找他了解情况，可是刘星支支吾吾地说他没事，就是最近太累了。老师感到很担心，就主动联系了刘星的家长。听到刘星最近的表现，刘星的父母也很担心，他们在刘星回家后，对刘星问了半天，可是刘星总说自己没事。

有一天晚上，刘星爸爸因为在书房里加班，睡得很晚，上厕所路过刘星屋子的时候，看到屋里亮着灯光。刘星爸爸推门进去，看到刘星呆坐在床上，刘星爸爸关切地过去问道："怎么了，儿子，怎么大半夜的不睡觉？"刘星看着爸爸，可怜巴巴地问："爸爸，我是不是不纯洁了，我感觉我不是个好孩子了，我很难过。"爸爸吃惊地听着刘星的话，原来刘星最近总是梦到自己和女孩子拉手，有时候还会亲吻，今天，他甚至还梦到了自己和女孩子……"爸爸，我怎么会这样啊，我跟你保证，我没有早恋。"刘星难过得眼眶都红了。

刘星爸爸拍着刘星的肩膀，"不要担心，儿子，你没有变坏，你还是爸爸的好儿子。"第二天，刘星爸爸把刘星的情况告诉了刘星妈妈，他们一起对刘星讲解了青春期男孩子的变化，让刘星知道，做性梦并不是可耻的行为，只要保持日常生活的健康快乐，不要总把注意力放在性梦上，这样就能放松心情了。

>> 给男孩的悄悄话 <<

青春期的男孩很多都有性梦，这是一种伴随性成熟出现的正常的生理现象。很多男孩为此觉得自己不纯洁，甚至有罪恶感，我们要消除这种误解。大多数男孩都有过做性梦的经历。性梦内容五花八门，男孩子出现遗精不必为此困扰，它其实是进入青春期一种潜在性意识活动，也是男孩身体发育成熟的表现，是正常生理现象。不过，如果性梦过于频繁，并伴有频发梦遗者，就会影响到他的精力，所以，我们要合理避免性梦的频繁发生。

进入青春期后，性器官逐渐发育成熟，青春期男孩的心理也在发生着微妙的变化，此时，他们不仅对异性开始产生亲近的意识，而且对两性的奥妙比较好奇。又由于日常生活中电影书刊对青春期孩子会有不同程度的影响，会在意识层面让他们渴望接触和了解异性，这种欲求就以性梦的形式表现出来了。其实按照心理学家弗洛伊德的说法，这是人的性本能的反映。而男孩子的荷尔蒙多些，所以男孩子做性梦的可能性非常大。

所以，我们要正确认识这种现象，打破传统关于性梦有害的误解，相反，性梦还有助于消除紧张的性心理，只要在适度的范围内，性梦对身体反而是有益的。

盲目用脑事倍功半

俗话说："脑子越用越灵。"要多用脑，这是从整体来说的，但就每天、每次的脑力活动来说，又必须注意保护脑，不可使脑过度疲劳。否则，就有可能事倍功半。

晓宁是个勤奋的学生，除每天学校安排的功课之外，他还学着奥数和外语，作为一个初中生，他还广泛地阅读文学名著和其他科学著作，他的时间从来都被排得满满登登。当然晓宁的成绩也是显赫的，他在学校的大小考试中都能获得很好的成绩，还参加各项竞赛，都能凭借着他的实力取得优异成绩，但是，晓宁最近的状况不大好。

他总是觉得自己有些头晕，看书或者上课的时候总是昏昏沉沉的，就像是没睡醒，但是作息时间一直都没有改变呀，虽然在别人看起来是很满的时间安排，但是对他来说，已经是适应了，这究竟是怎么了？

在一次过马路迷迷糊糊，差点出现意外之后，晓宁的状况引起了妈妈的注意。孩子究竟怎么了？晓宁妈妈也慌了神。

她带着儿子去医院检查，大夫仔细检查了晓宁的身体，也为晓宁的头部做了全面的检查，没有什么器质性病变，医生大概问了晓宁的日常安排和作息时间之后，语重心长地跟晓宁妈妈说："你打算让孩子早日成材，望子成龙的心情我能理解，可是你也不能为了让孩子成材，就这么高负荷地要求一个十几岁的孩子呀！他因为用脑过度才总觉得自己头昏眼花的。"

医生的一席话惊醒了晓宁妈妈，为了儿子的健康成长，她回家之后召开了三人家庭会议，决定让晓宁科学用脑，而且他们的第一目标不再是让晓宁成材，而是让晓宁健康快乐地成长。给孩子一个宽松的学习环境，让孩子科学用脑，不再那样高强度地消耗脑力。

>> 给男孩的悄悄话 <<

晓宁的问题是用脑过度造成的。脑力活动是脑内旺盛的代谢过程，时间长了，消耗的营养物质和堆积的代谢废物增多，达到一定程度，就会感到疲劳。一般说来，大脑连续进行紧张智力活动的时间不宜太长——学龄前儿童 15 分钟左右，中学生 0.5~1 小时，成年人约 1.5 小时，便应当有一小段休息时间。

科学用脑，生活要有规律。避免过度精神紧张，合理地安排工作、学习和娱乐，使大脑皮层兴奋部位轮流得到休息，防止过度兴奋而加重神经系统负担。神经细胞是否萎缩，对人的衰老变化起着重要作用。

此外，睡眠是使大脑休息的重要方法，人在睡眠时，大脑皮层处于抑制状态，体内被消耗的能量物质重新合成，使经过兴奋之后变得疲劳的神经中枢，重新获得工作能力。睡眠的好坏，不全在于时间的长短，更重要的是睡眠的深度。深沉的熟睡，消除疲劳快，睡眠时间可相应减少。

保持眼睛健康

眼睛是心灵的窗户，一双有神的眼睛，是每个人都梦想的，况且眼睛是要陪伴我们走完一辈子的，因此我们有必要对它们进行细心呵护。

卓然是个 17 岁的男生，现在在离家很近的高中念高二，父母的工作都很忙，每天很晚才到家。每天放学回来，卓然都是照例地打开电脑，在电脑前玩游戏，为了专心致志地玩，很多时候都趴在桌子上，离电脑很近。妈妈有一次看见卓然玩电脑，就让他离远点，但是，远了之后影响游戏效果，卓然坐着坐着，就又靠到了电脑前面。

一个多月的暑假结束了，卓然发现了一个不幸的事情，本来，可以在自己的窗前清楚地看见远处那个商业大楼上的广告牌，但是现在看不清楚了，第一次看不清楚，他以为是光线的问题。第二天早晨起来，他又去看那个大楼的广告牌，依然看不清楚。难道是近视了？他内心开始忐忑。这么大的男孩子，很讨厌戴眼镜，运动的时候很不方便的。隔壁班的一个男孩在打篮球的时候眼镜就被打掉了，摔到地上，然后他连球在哪儿都看不清楚了。

难道我也近视了么？卓然反复地问自己。为了验证一下，他还是去了医院验光。验光的结果是，假性近视。他叹了口气。医生告诉他这是用眼过度和用眼不卫生造成的，又详细地给他解释了如何科学用眼。他慢慢地舒缓了自己的情绪，专心地听医生讲所有的注意事项，认真地记录下来。

回到家以后，他开始严格控制自己上网的时间，每隔一段时间之后就做一次眼保健操，还戒掉了自己睡前躺着看书的习惯，慢慢地，他感到自己视力得到了恢复。

几个月之后，他的视力终于又恢复到暑假前的状态了，又能见到他在篮球场上生龙活虎地拼抢了。

>> 给男孩的悄悄话 <<

通过自己改变用眼习惯，卓然保持了自己的好视力。

读书、看电视时注意距离、光线。尽量不在乘车、走路时看书，同时要注意眼病的预防和治疗。多做转眼运动，可锻炼眼肌，改善营养，使眼睛灵活自如。将双手摩擦暖和，闭上双眼，用手掌盖住眼圈，再深缓地呼吸。每天做一做眼保健操，如按太阳穴、轮刮眼眶。

在微暗的灯光下阅读，不会伤害眼睛，但若光线未提供足够的明暗对比，将使眼睛容易疲劳。使用能提供明暗对比的柔和灯光（不刺眼的光线），勿使用直接将光线反射入眼睛的电灯。

青春期男孩的大部分视力问题与使用电脑有关。如果你连续使用电脑6~8小时，应每2~3小时休息一次。喝杯茶、上个厕所或只是让眼睛离开电脑 10~15 分钟。

电脑屏幕上的字体及数字就像小灯泡，直接将光线射入你的眼睛。因此，你需要降低荧幕的亮度，并调整反差（明暗对比）使字体清晰。

半夜醒来"小弟弟"会勃起

男孩们在一起会谈论到的话题就是"小弟弟"勃起的事，但是，一般都是在受到外界刺激，特别是性刺激时才会那样，为什么半夜醒来"小弟弟"也会勃起呢？

小可晚上一向睡得很好，一觉睡到大天亮。昨天他睡前喝水喝多了，睡到半夜被尿憋醒，摸索着打开台灯，迷迷糊糊走去卫生间。

在打开卫生间的灯时，小可在镜子里看到了古怪的现象，自己的"小弟弟"居然胀了起来，在内裤里支撑起了一个小帐篷。

这是怎么回事？小可回忆自己没有做性梦，也没有关于这方面的想法，那为什么自己的"小弟弟"会这样呢？

小可厕所也不上了，赶紧回到自己的屋里，打开电脑，百度了起来。查过之后，他放下心来，原来这是很正常的生理现象，并没有什么值得大惊小怪的。

后来，小可和其他男孩子聊天的时候，发现其他男孩子也会有这样的情况，大家都说，有时候半夜迷迷糊糊的，会发现自己的

"小弟弟"勃起了，不过过不了一会儿，就会软下去了。

青春期男孩都经历过这样的事情，这更让小可放心，自己是个身心健康的男孩，并没有什么可担心的。

>> 给男孩的悄悄话 <<

为什么半夜醒来"小弟弟"也会勃起呢？这是因为随着青春期的到来，男性的阴茎增大，逐渐发育成熟，在这时，由于性激素的大量分泌，会带来一些生理上的不平衡，同时也使男孩们心理上发生变化。这个阶段，大多数男孩醒来会发现阴茎不自觉地硬邦邦的，想方设法让它变软都不行，他们就为这种现象感觉不安和内疚，以为这是不正常的，便生出很多烦恼，就连白天看女孩的眼神里也充满着歉疚。专家认为，青春期男孩每晚平均可勃起6次左右，每次勃起的时间可达20~30分钟，这是很正常的现象。

为什么阴茎会在半夜或醒来勃起呢？这就得从我们的睡眠谈起，从我们躺到床上到入睡，来回不停地改变睡姿的时候，阴茎就会勃起，而通常我们一个晚上要周而复始地改变四五次睡姿，这也正是阴茎一晚要勃起好几次的原因所在。而在这四五次之外的时间，阴茎通常是缩小的、柔软的。这时发生阴茎勃起现象时，不必慌张，也不必刻意去控制，这是很正常的，往往在一段时间过后，它就会很自然地软下去。

半夜醒来阴茎会勃起，这是青春期正常的生理现象。青少年在成熟过程中要学会慢慢控制自己的好奇心理和正确对待自身的生理变化，慢慢适应这种反应，从而使自己的身心都健康地发展。

一滴精真的等于十滴血吗

青春期的男孩也许常听人们说"一滴精十滴血"，也会在书中看到过"损失精液，大伤元气"的言论。但是，这种说法是不是有它的科学根据呢？

迷恋上网的亮亮常常会从网上得来许多新鲜的信息和词汇，这天亮亮上网浏览网页，无意中他的目光停留在了一句话上："一滴精等于十滴血。"一滴精液就是十滴血，这也太夸张了吧。

亮亮想起自己几次半夜遗精，被子上湿湿的一大片，心里不禁一凉，那自己会损失多少血啊。

就在亮亮的担心还没有解除的时候，更让他担心的事情发生了。学校组织学生去医院体检，轮到亮亮的时候，医生给他量了血压，还为他验血。医生好心地提醒他："小同学，你最近有些贫血，让你妈妈多给你补充一下营养。"

自己居然贫血，以前这种情况可从没发生过，难道真的是因为自己遗精，耗损了血液，想到这里，亮亮后怕起来。

晚上回到家，他偷偷给自己上大学的表哥打电话，告诉他自己的担忧，表哥听后哈哈大笑："这完全是两回事，亮亮，你那么爱上网，自己去网上查查这到底是什么关系，就不用担心了。"

表哥提醒了亮亮，他立刻打开网页，搜索起了精液和血液的关系，结果网上的信息告诉他，这两者并没有关系。这下亮亮放心了。

>> 给男孩的悄悄话 <<

中医认为，精液对身体是很重要的，"中医说精是人的精华，也是'元神'，所以称之为精"。男孩们从中可以领会到精液的重要性，然而，"一滴精十滴血"这种说法是不是有它的科学根据呢？这就不能凭空而论了，得找到足够的理由来证明"一滴精十滴血"的说法是否真实。

事实上，科学发现，血液和精液之间是没有任何关系的，这一点只要分析一下精液的成分就会清楚了。精液中除含有精子之外，其他部分叫作精浆，而精浆的成分和血浆相比是没有多少差异的，除去90%的水分外，它也是由极少量的蛋白质、糖和微量元素等物质构成的。所以，一滴精十滴血的说法是没有科学根据的。同时，精子是成熟的睾丸在垂体分泌的促性腺激素作用下分泌雄性激素，使精子在睾丸中发生的，而排精液的损失是和唾液差不多的，况且这两者都是可以很快地由相关分泌腺分泌出来的。

就是不排精的话，精囊腺内贮存的精子会越来越多，虽然其内部的环境有利于精子的成熟和存活，但是，在里面精子也不能无限期地存活下去，它们会有一个不断老去、丧失活力的过程，相反，排精还有助于使附睾内老化的精子和新生的精子维持一个有益的平衡，从而保持身体的健康。这就是人们说的"精满则溢"，它本身就是人自身的一种调节。

所以，处在青春期的男孩们不要害怕排精会损耗精力，并开始担心自己的身体是否健康。而"一滴精十滴血"的说法更是不合情理、不科学的，男孩要正确对待青春期的排精现象，保持身心愉快，抛弃错误的传统认识。

第二章　成长 & 烦恼——小小少年没有烦恼

| 来自家庭的烦恼

妈妈的唠叨和爸爸的吼叫

青春期的男孩一般正处于中学阶段，此时的学习任务很重，这个阶段不仅是男孩们成长发育的黄金期，也是长智力长知识的黄金时期。在这个时候，男孩心理上也渐渐成熟起来，遇到什么事有了自己的主见，这是很好的，然而，当男孩和父母的观点冲突时，如何对待妈妈的唠叨和爸爸的吼叫呢？

陈才上初一了，学习任务骤然加重，他每天都要做作业到很晚，周末还要上各种各样的补习班。上初中真辛苦啊，还是小学轻松，陈才发现，上了初中后，不只是学习任务加重了，就连爸妈对他的态度也不一样了。

妈妈开始不停地唠叨，他回家晚了，妈妈就要问他干什么去了，跟谁一起玩儿，有时候妈妈还不相信陈才的话，非要打电话求证才行。

如果陈才说谎了，那妈妈就会联合爸爸一起指责他，陈才的爸爸是个退伍军人，嗓门很大，也很严厉。每当陈才犯错误，他就会大声训斥，上了初中后，这种情况变得越来越多，让陈才都不愿意回家了。

这天是周日，陈才本想上完奥数班，和几个同学去踢球，可是妈妈告诉他，晚上给他报了个绘画班，让他去参加。

陈才实在不想去了，就悄悄地翘课了。等他回到家里，爸爸坐在沙发上等着他，"你干吗去了？""我上课去了。"陈才胆怯地回答。"胡说，老师打电话说你根本没去。"爸爸大发雷霆地吼叫起来，妈妈也在一旁责备陈才。陈才捂着脑袋，苦闷地想，为什么父母总是这么不通情达理，妈妈的唠叨什么时候能停止，爸爸怎么才能不责骂自己。

>> 给男孩的悄悄话 <<

不可置疑，每个父母都望子成龙，为此，他们不惜一切。看到青春期男孩的一些不正常举动，他们会大惊小怪，妈妈会说东说西，爸爸可能就会更严厉地警告你。妈妈会不厌其烦地向你唠叨，给你讲"一定要考上某某名校""得为自己的未来作好打算"等等，而爸爸则会对你的一些行为怒吼不止，"不许玩游戏""再逃课就打断你的腿"等等。这让每个青春期的男孩都会觉得很厌恶，但是一味地和父母对着干也解决不了问题。

此时，正确而客观地对待父母的唠叨和怒吼就显得非常重要了。男孩要学会站在父母的角度上考虑一下，也许他们的方式让我们觉得不舒服，他们的关心可能给我们带来一些压力，但男孩要看到他们的焦急的期盼，而对于他们的一些过于激烈的表现，你可以试着和他们进行沟通，把自己的想法和计划告诉他们，一是为了让他们知道你不是漫无目的地活着，也不是如他们所说的从没考虑过自己的未来。二是在交流的时候，有一些因为年龄和经验少你自己解决不了的问题，可以让父母帮着出出主意，从而使问题得到有效而合理的解决。三是通过交流，你可以减轻精神压力，使自己获得自由的生长环境，因为通过交流，减轻了彼此间的猜测，父母就会给你更大的自由空间。

所以，正处于青春期的男孩面对妈妈的唠叨和爸爸的怒吼时，沟通是最好的缓解双方压力的方法，记得去尝试啊。

我被全世界遗忘了

进入初高中以后的男孩子基本上都处于青春期了，随着青春期的到来，男孩子的身体和心理都发生了很大的变化，智力也是如此。不同的男孩就会表现出不同的特长，而那些比别的男孩子较晚突出自己特长的男孩就会出现自卑心理，觉得自己被全世界遗忘了。

刘老师看着从校长室领回来的几个调皮鬼，气得不得了。几个学生都被记过，让家长带回家好好反省去了。学校禁止学生去网吧，尤其是去网吧熬夜，被学校抓到后，会受到严重惩罚。可是这次让刘老师觉得很意外的是，高毅居然也在其中。高毅是个腼腆内向的学生，从来没有做过什么违反纪律的事儿，学习很努力，成绩不好不坏，一直都是中上等。

刘老师怎么也不明白，高毅为什么这么做。他把高毅叫到办公室，想好好问一问。高毅一进办公室，还没开口说话就哭了，"老师，我不是想故意违反纪律的，您别让我叫家长好吗？""那你为什么去网吧呢？你也知道学校对这种事情处罚很严的。""我是觉得老师同学都不喜欢我……"原来，高毅一直觉得自己总是被冷落，同学们从不主动搭讪他，老师也很少主动和他说话。每天坐在书桌旁，只觉得自己好像被人遗忘了。

听了高毅的话，老师语重心长地说："高毅，你怎么会被遗忘呢？你也不普通啊，虽然你的成绩不是最好的，可是你的作文很棒呀，老师记得你去年还在作文大赛中得奖了呢。""可是他们说，作文好不算什么。""什么话，作文好也是长处，说明你对文学很敏感，好好努力，将来说不定会成为一个大作家。"高毅听了点点头。

三天后，高毅回到了学校。大家还是没太注意他，但是高毅变了，虽然还是那么内向，但是变得自信开朗了，因为他相信自己将来也会有一番成就的。

>> 给男孩的悄悄话 <<

青春期男孩子的自尊心和好胜心理会明显增强，他们在很多方面开始学会和其他男孩一比高低，这是男性身心发展的正常现象，会造就男性们成年后的勇猛。但是，这种争强好胜的心理，在青春期里难免会给一部分男孩子带来负面的影响，一旦这些男孩子看到别人比自己强时，就会产生己不如人的心理暗示。

其实，这些男孩子，对自己和他人的估价会存在着不同程度的偏差。比如：在学习上，很多男孩子喜欢数理化，不喜欢记忆性质的东西，他们肯定就会在数学课上花费更多的精力，但是，总会有那么一些男孩子会喜欢文学，喜欢语言类的课程，他们自然就会花费更多的时间学习文学语言等。曾经有这样的流行语，"学会数理化，走遍天下都不怕"，因此这些孩子们在班里往往比较的是谁的数理化擅长，老师和家长也会更看重数理化的学习，这样一来，那些喜欢和擅长文学语言的男孩子自然就会产生自卑心理，会有不被重视的感觉。

专家提醒，每个人都有他的强项和弱项，每个人的发展空间也都是很大的，俗话说，"三百六十行，行行出状元"，所以，只要我们有自己的长处，就可以立足于社会。不要拿自己的短处和别人的长处比，找好自己的位置，努力去做就是最好的。

爸妈总和我的"自由"过不去

也许，有些男孩子没有注意到，不知从什么时候起，自己不再是爸爸妈妈眼里的乖宝宝，开始有自己的想法，并强烈地要求付诸实施。其实，这些是男孩进入青春期后，渐渐出现的叛逆心理。那么，我们一起来了解一下什么是叛逆心理吧。

这些天陆涛跟妈妈一直闹矛盾，两个人谁也不让步，陆涛觉得很委屈，就去找自己最喜欢的老师诉苦。

原来，陆涛十分喜欢轮滑，自己攒钱偷偷买了一双漂亮的轮滑鞋。陆涛暗里计划着，每天放学后去练一小时轮滑，争取下半年能参加轮滑赛。因为练轮滑，陆涛每次回家都很累，有时满头汗，有时累得都不吃晚饭就睡了。陆涛妈妈很纳闷，就在打扫房间时仔细找了找，结果就把那双陆涛舍不得穿的轮滑鞋翻到了。陆涛妈妈不但没收了鞋，还不准陆涛再去练习轮滑。陆涛为此跟妈妈闹矛盾了。陆涛觉得自己的事情自己可以安排好，自己喜欢做什么、怎么做这是自己的自由，妈妈不应该干涉，何况自己做的又不是坏事情。陆涛讲完后，老师想了想说，"陆涛，回家先跟妈妈道歉，不管怎么样跟妈妈闹矛盾是不对的，你这样做也不是解决问题的办法。跟妈妈好好说，争取妈妈的理解，这才是好的办法。"

陆涛回家跟妈妈坐下来好好谈了谈，最终妈妈答应了陆涛，不过每天不能练习太久，怕耽误学习。陆涛又开始了他的轮滑计划，而且还有了妈妈的支持。

>> 给男孩的悄悄话 <<

让我们先来分析一下青春期的叛逆心理，进入青春期后，男孩子在生理上发生了很大变化，身体渐渐发育成熟，然而近年来，随着物质生活水平的提高，青春期提前来到，然而生理上的成熟并不意味着心理上的成熟，其实很多男孩子的心理并不成熟，于是在青春期期间就出现了叛逆心理。

专家说，青春期的叛逆意识突出表现在他们的独立意识。对于男孩子而言，这种情况更严重。一些男孩子会希望得到独立、得到认可，在没有完全认识到自己的实力的情况下，总想着一鸣惊人，总想着挣脱父母的束缚，寻找更宽更高的天空。所以，这些男孩子会自发地采取一些接近自己梦想的措施，但是，在父母眼里，男孩子很多做法是好高骛远不切实际的。此时，出于对他们的关心，父母就会出面阻止。这就出现了男孩子们认为的被剥脱自由的现象。

客观地说，父母有父母的想法，男孩子也有男孩子的想法，没有谁对谁错，最主要的是缺乏沟通。如果男孩子把自己的想法告诉爸妈，爸妈也再听听他们的想法。在互相尊重的前提下，真诚的沟通就会少很多抱怨。

"自由"是高贵的字眼，但是通往自由的道路不止一条，男孩子们能让爸妈放心自己，自己也舒心地实现自己，才是最好的选择。

大人总是说话不算话

青春期的男孩子越来越有自己的想法，并且这些想法千奇百怪无所不有，因为他们想把自己的想法变成现实，也就会冒出不同的要求。面对男孩子们的要求时，大人们会经常当面随口答应，而后来又不兑现。这是让很多男孩子很苦恼的事情。面对这种情况，青春期的男孩应该怎样做呢？

刘奎一直梦想自己能有一辆很酷的山地车，但是爸爸一直不答应。再过些天就要开校运动会了，而且是几所中学联谊举行，刘奎是这次给学校争光的主力。出差在外的爸爸听到这个消息后，一口就答应了给刘奎买山地车的事儿。刘奎兴奋得一夜没睡，最后几天还在拼命地加紧训练。

功夫不负有心人，比赛场上的刘奎像小明星一样吸引着大家的眼光。爸爸回家后看到刘奎的奖杯奖状，乐得合不拢嘴。刘奎也很期待地看着爸爸，"爸，我的山地车什么时候能到？"

爸爸神秘地笑笑，说："三天后就寄过来了，好好期待。"

三天后，刘奎兴冲冲地跑回家。刚进家门，爸爸就说，"在你房间里呢，去看吧。"刘奎连蹦带跳跑进了房间，可是并没看到什么山地车，而是书桌上摆着一台新电脑。刘奎有点失望，兴奋劲儿一下子就没了。爸爸走进来，看到刘奎闷闷不乐地坐在椅子上，一声不响。爸爸说："电脑比山地车更安全，对你也更有价值啊，这样不是很好嘛。"刘奎不高兴地说："说话不算数，你们大人都这样。在我心中，山地车比电脑重要！"刘奎说完走了出去，弄得爸爸无可奈何。

>> 给男孩的悄悄话 <<

"一诺千金"是书本上教给男孩子们的，他们是那么的重视许诺，认为那是千金不换的事情。但是，大人又有着大人的解释。青春期的男孩子，身体发育渐趋成熟，但是，心理上还存在着稚嫩的情况。在大人眼里，这些倔强的有想法的男孩子依然是长不大的孩子，他们会认为孩子还没有足够的能力去实现那些特立独行的想法。但是面对他们提出的要求，又不愿意让他们伤心，就会出现随口答应的情况。而这些青春期男孩子的记忆力又非常好，加上自我认可的意识强烈，就会在心里一直记着大人们的许诺。其实，很多时候，大人们早已忘记了那随口的许诺。这样，男孩子们就难免会觉得大人们说话不算话。

究竟为什么会产生这样的误解呢？究其原因，还是青春期的男孩子想法奇特，并且特别希望得到认可，而大人又认为他们仍是孩子，还没适应男孩子的成长。要想消除这些误解，男孩子和大人们都要认清男孩子所处的阶段的特殊性。男孩子要知道自己处于青春期，有很多的想法，并且要求大人们帮助实现它们是值得肯定的，但是，也要多反思一下要求的可行性。大人们则要认识到男孩子已经慢慢接近成人，要尊重他们的想法，对他们的各种要求要给予重视，能帮助实现的就帮助实现，如果觉得不可行，也要给男孩子解释清楚。

只有这样，才能建立起和谐的家庭关系，男孩子不再是不懂事的男孩，大人也不再是不重许诺的大人。

妈妈为什么不相信我

随着青春期的到来，男孩子们越来越有自己的主见，他们把自己的想法看成非常神圣的事情，并想通过自己的努力实现它。然而，让很多青春期男孩苦恼的是，妈妈竟然不相信自己，这有点让他们觉得不可理解。该怎样让妈妈相信自己呢？

这个学期，卢田在绘画班认识的几个好朋友是一个学校的，大家脾气很投合，天天在一起，关系越来越好。最近几个好朋友商量着，能不能找个时间大家一起骑车去郊外采风。卢田也想去，可是不知道妈妈答应不答应。大家知道卢田家教严，所以最后决定星期天去，那样卢田就有时间跟家里好好沟通下。

吃晚饭的时候，卢田说了去采风的事儿。妈妈一听就急了，"几个小孩子家，骑车去郊外多不安全。毛毛躁躁的，磕着碰着怎么办，不行，不能去！""我们不是小孩子，已经长大了！""不能去就是不能去！吃饭，吃完做作业去。"卢田闷闷不乐地回房间去了。

后来几个好朋友出主意，让王鹏妈妈帮卢田求求情，看卢田妈妈能不能答应。结果，卢田妈妈不但没答应，还说王鹏妈妈不顾虑孩子的安全帮着孩子瞎起哄。弄得卢田很不好意思，不停跟王妈妈道歉。

卢田不好意思再麻烦大家，只好放弃了和大家一起出去。等到星期一上学时，看着大家凑在一起，兴高采烈地说着采风遇到的那些趣事，和那些有趣的战利品。卢田觉得自己落了单，心里很不好受，暗暗地责怪妈妈管得太严，让自己脱离大家脱离现实，这对自己的成长一点都不好。一连几天，卢田都不爱和妈妈说话。卢妈妈也很生气，对卢田爸爸说："这孩子真不懂事儿，我这是为他好呀，不理解不说，还跟我闹脾气！"卢田爸爸笑笑说："孩子大了，应该适度地让他自己安排一些事情了。"

>> 给男孩的悄悄话 <<

其实人们所说的理解万岁，是很有道理的。男孩子们随着年龄的增长，进入青春期后，身体和心理上的变化一般不会非常明白地告诉妈妈的，此时，妈妈对男孩子们的认识，很大程度上来自揣测。所以，难免会发生理解上的错位。

妈妈的不相信，一般是出于担心。例如，假期来了，很多有探险精神的男孩子，自己组群骑车去一个想去的地方。妈妈看着孩子在自己身边，还会觉得一不小心他们就会出现磕磕碰碰的状况。现在，男孩子要骑车去旅行，妈妈就更不放心了。就会说出些不相信男孩子的话，而男孩子就会想证明妈妈的想法是错误的，证明自己能够独立做一些事情。再三坚持下，妈妈若还不同意，男孩子们就会认为得不到妈妈的信任。

这些都是非常常见的现象，随着年龄的增长，等男孩成为真正的男人了，有了较切实的想法、也有能力为自己的所作所为负责的时候，就能取得妈妈们的信任了。这些暂时的不相信，一般是出于关心，出自不放心。当然，妈妈们也会在看到你的成长后学会相信你，相信你们这些未来的"男人"们。

其实，青春期的男孩子们只要学会换位思考，就会明白妈妈为什么不相信自己了。妈妈们的这种不相信是暂时的，它不是不信任，是对处于青春期男孩子的一种呵护。

沟通才是解决矛盾的正道

人与人相处是需要沟通的，和父母也是一样。尽管你感到自己长大了，已经有足够的能力自作主张，但实际上还有许多事情是你这个年龄无法把握的。而父母经历过的事情很多，可以给你不少宝贵的人生经验。所以，青春期的男孩和父母多沟通才能消除矛盾和误会。

李进自从上了高中，渐渐发现和父母没有共同话题了。李进的父母只有初中学历，他说："我老爸、老妈连怎么上网都不知道，居然以为电子邮件要到邮局去收。整天只知道叫我多吃点，多穿件衣服，我真遇到什么问题，比方学习上的，却一点都帮不上忙。我真不知说他们什么好。"

而小壮说起和父母沟通的事情，就觉得很头疼，他一脸埋怨地说："老妈太八卦了，我的什么事都要知道，经常打电话给老师不说，还成天向同学打探我的事，查看家里的电话记录，搞得我一点隐私都没有了。老妈这么有'办法'，还需要我跟她说什么呢？"

随着年龄的增长和自我意识、独立意识的增强，很多孩子与父母之间经常会产生意见不一致的情况，对事物的看法也存在很多明显的分歧，甚至于出现极大的矛盾和隔阂，在不经意间出现抵触和反叛情绪，经常牢骚满腹、怨气冲天。

"我不爱和我爸妈讲话，他们什么也不懂，还整天啰啰唆唆的，真是烦死我了！"

"我和爸妈很难好好沟通，说不到两句话就会吵架！"

"妈妈不说话还好，若她说话我便会觉得很烦！"

>> 给男孩的悄悄话 <<

其实父母是爱护你的，你也是尊敬父母的，可为什么还会出现以上这些情况呢？如果我们静下心来仔细思考就会发现，问题主要在于男孩和父母之间太缺乏经常而有效的沟通了。

理解是双方面的，你既要求父母理解自己：理解你的学习目标，理解你放松一下是为了更轻松地学习，理解友情可以增强快乐，理解一张一弛是文武之道，学习劳逸结合才有效果。同样地，你也应该理解父母：理解父母望子成龙心切，理解他们看到了将来的社会是一个高科技的信息社会，面对激烈的社会竞争他们要你提高竞争力的用心良苦。须知，天下的父母没有一个不巴望自己的儿女好的。所以，你要尽早抽个时间与父母交流，告诉他们你的实际感受，他们也会因此对自己的教育方式进行一些调整，你也不会再喘不过气来。

总之，当你与父母的观点和做法有分歧时，在要求父母理解尊重你时，你也要同父母进行心理换位，理解并尊重他们，这样才能加强两代人之间的沟通和理解，填平两代人之间的代沟。

你是否有过这样的心情："父母说的什么呀？"满心的不服气，眼睛里是厌倦的目光。父母批评你的时候，先不要忙着反驳，应试着听听他们的想法，说不定你很快就能体会他们的苦心。

当你与父母主动进行交流时，高兴的事，烦心的事，老师、同学、校园里的新鲜事都可以和他们说一说，听听他们的意见。父母一定有错怪你的时候，就像你有时也会误解父母一样。虽然你特别委屈，可争辩也没有多大的用处，多多体谅为上。你现在可能认为自己是个大人了，也开始顾及起自己的面子来。这本没错，但是如果你明知道自己错了还不肯"服软"，这就是错了。所以，如果错了，就不要逃避，更不能对父母"沉默是金"。只要主动道歉，你很快会得到父母的谅解。

遇事多和父母探讨。和父母共同讨论、达成协议，会让许多事情变得简单起来。比如家里买了电脑，父母担心你玩物丧志、影响学习，你却要坚持每天上网。对这样的问题如能加以讨论，就玩电脑的时间和学业的平衡达成协议，问题就会很好解决。

学会控制情绪。避免顶嘴、发脾气，最好的办法是多做几个深呼吸、离开一会儿、用冷水洗洗脸。要知道，在发怒的情况下，任何事情都无法圆满解决。

担惊受怕的家长会

之所以召开家长会，是家长和学校双方就孩子的生活和学习状况进行一下交流，看一下孩子这一段时间在哪些方面有所进步，又有哪些地方需要改进。经过家长与老师的沟通之后，双方能够对孩子的近况有更全面的了解和把握，这样在接下来的日子里也知道在哪些方面给孩子提供些有效的帮助。所以，家长会没有什么可担惊受怕的。

这周六，小学六年级要召开一次家长会。消息一公布，班里便炸开了锅，大家纷纷讨论该怎么应对。因为听上一届的同学说，六年级的家长会尤其厉害，因为每次家长会后，总有不少同学需要在家里吃一顿"竹笋烤肉"。于是，成绩一向不太好的王军决定让和蔼慈祥的妈妈来参加家长会，因为他还有另外一层顾虑，几天前他不小心将教室的玻璃打碎了。虽然他用自己积攒的零花钱补偿了一块新玻璃，但是他没有勇气告诉爸妈。

家长会前一天晚上，王军很早就上床了，可他总是在床上辗转反侧，心里老想着第二天家长会上可能发生的事情。"妈妈会不会发现我打碎玻璃的事情？老师会不会向妈妈讲我的坏话？"这样的担心一直持续到很晚。

第二天下午妈妈去开家长会，王军在家里也一反常态，勤快地打扫厨房，拖客厅的地板，他期望着妈妈回来时即使十分气愤，也会看在他表现好的份上原谅他。

下午五点半，妈妈回来了。王军小心地捕捉着妈妈脸上可能出现的愤怒。奇怪了，妈妈好像并没有生气，反而有一丝微笑在嘴边若隐若现。"难道，妈妈并没有发现那件事情？"可是，王军还是没有勇气问妈妈家长会的情况。

晚饭桌上，吃得津津有味的妈妈突然说出这样一句话："小军，我今天真高兴，因为老师说你在班上很有男子汉气概。你自己不小心打破了玻璃，知道主动找老师道歉，并用自己的零花钱买了块新玻璃安上。你怎么都不告诉我一声。今天老师说了我才知道。"一边吃饭的爸爸也用惊奇的眼光看着小军，意思好像是"我儿子很有责任感呢"。一直紧绷神经的王军听到后，哦了一声，总算轻松了下来，"原来老师是这么告诉我妈妈的，看来这家长会好像也不是同学们说的那样恐怖啊。"王军在心里这样对自己说。

>> 给男孩的悄悄话 <<

家长会一般是由学校或教师发起的，面向学生、学生家长，以及教师的交流、互动，介绍性的会议或活动。家长会一般会持续两个小时左右，在这有限的时间内，老师通常不会像很多孩子所想的那样当着家长的面念学生的成绩单，那样会浪费掉很多宝贵的时间。家长会上，老师通常会告诉家长学校最近在促进孩子学习方面采取的新措施，而这些新措施在哪些方面需要家长的配合。而家长之间也有可能利用家长会这样一个难得的平台来互相交流，那么，成绩好的孩子的家教方法就有可能会被父母学来而应用到自己身上，这样一来，受益的一定是自己。

也许你会担心爸爸妈妈在老师面前说你的坏话。其实，这样的担忧也大可不必。只要你在家里表现得好，爸爸妈妈其实是很开心看到自己孩子的成长和成熟的。试想，哪个父母不喜欢自己的孩子，不希望老师对自己的孩子有好的印象。基于此，家长会上，很少有父母会专门告状的。

也许你会因为成绩没考好而担心爸爸妈妈的批评。其实素质教育推进到现在，已经有很多家长明白，分数并不是孩子优秀与否的唯一标准了。青春期的男孩接触家长会的机会尤其多，对待家长会，完全没有必要把自己弄得紧张兮兮的。

| 让校园生活更愉快

成绩好了人缘坏了

进入青春期的男孩子们在个性上会表现出更多的差异性，但是学习仍是他们的重中之重，面对升学的压力，很多老师和家长，还是非常在乎孩子的学习成绩的。这样，学习成绩就成为青春期里小男子汉们之间较量的方面。但结果往往是成绩好了人缘却坏了，这让有些男孩很困惑，难道自己做错了什么？

闫朝旭入学时成绩一般，但随着越来越努力地学习，他的成绩逐渐上升到班里的第一名，成了班里的尖子生。可是他的同学关系，却随着成绩的上升而变得越来越糟，现在甚至同宿舍的同学都不太爱和他说话了。闫朝旭不知道为什么，起初觉得可能是平常太努力了，没有时间和大家聚在一起，所以有些疏远。可是每次主动跟别人搭讪时，别人就会走开，甚至还有人酸溜溜地说："唉，人家是尖子，老师眼里的红人，咱们高攀不上。"这让闫朝旭很苦恼，他把这种情况跟老师说了。老师让闫朝旭担任学习委员，想让他通过在学习上帮助同学来改善人际关系。可是结果恰恰相反，同学们不但没找他帮忙，反而更疏远他了。闫朝旭没有办法，只好试着放弃学习的时间去跟大家沟通，结果收效甚微。老师告诉他，"优秀的人难免会被嫉妒，这是人之常情，如果想成功做好事情，应该学会承担这种苦恼。朝旭，你的努力老师看到了，但不能为此而耽误了学习，而是要更加努力，一直优秀下去。"闫朝旭点了点头，虽然难过，但他并没放弃过。

当闫朝旭的考试成绩变成全校第一名时，那些曾疏远他的同学反而越来越佩服他，开始向他问学习经验了。闫朝旭慢慢懂了，成功有时候除了付出努力，难免也会受冷落，但是真金不怕火炼，自己要有勇气做一块真金，才能取得更大的成绩。

>> 给男孩的悄悄话 <<

有较量就有差别，就有高低之分，于是，那些成绩太好的学生就会被嫉妒。这是正常的现象，特别是男孩子间争强好胜的心理更明显，成绩优秀的男孩子被人嫉妒也是很正常的。

青春期里男孩子喜欢与他人比较，特别是在学习上，一旦不如别人就会产生一种羡慕、崇拜、奋力追赶的心理，这是上进心的表现。成绩特别好的男孩子，自己成了别人追赶的对象，对于这种同学间的比较应该感到自豪。但是，也有的男孩子，过于在乎比较的结果，嫉妒心理就会明显地表现出来。

这样的嫉妒心理就会对嫉妒者产生消极的影响，但是对于成绩好的男孩子来说，也是无须放在心上的。如果有可能就去帮助那些成绩差的学生提高学习成绩，但是不能因为怕别人嫉妒，自己就放慢学习的脚步。

成绩好的男孩子也要认识到，只有持续地努力，才会成为最后的成功者。懈怠会夺去暂时的优秀，为了明天成为一个成功的人，要努力不止，奋斗不息。要知道，当别人嫉妒你时，说明你还没有超过他太多，当你把嫉妒者远远甩在身后时，他们就会羡慕你，崇拜你。

我是差生我怕谁

进入青春期以后，男孩子们就更关心自我价值，关心别人是否注意到了自己。但是，学习成绩不好的男孩子在自卑的同时又想获得别人的关注，他们能想到的办法就是搞破坏。于是就有了"我是差生我怕谁"的念头。

"李立，到底是怎么回事，你能跟老师讲清楚吗？"

"没什么好说的，要罚就罚。"

"李立，你这样的态度是不对的，难道你没有意识到自己行为的错误性吗？"张老师耐心地说道。

原来事情是这样的：

李立是初二的学生，性格活泼好动，但注意力却不放在学习上，经常上课时大声讲话，引起很多同学的不满，自己却满不在乎。

这天上午上数学课时，数学老师在讲台上讲几何题，大多数同学都在认真听讲，所以整个教室格外安静。李立刚开始也听得挺认真，可听了一会儿后就开始坐不住了。

"喂，张梅！张梅！你看我新买的小乌龟，可好玩了！"

同桌张梅正在做老师刚刚布置的作业，所以没理他。

李立以为张梅没听到，就用力推了推她，"喂，你听到没有？"结果李立这一推使张梅正在写字的笔在作业本上划了一道长长的斜线。张梅很生气地说："你不学习，我还要学习呢，你这人怎么这么自私啊！"李立一听火气就上来了，于是二人越吵越凶……

正在上课的老师为了不影响其他同学只好将二人叫到办公室询问情况。

"反正我不怕处分，也不稀罕什么优秀学生的称号。我就是个差生，我怕谁啊！"李立一脸不屑地对老师说道。

>> 给男孩的悄悄话 <<

所谓差生，就是在班级中经常违反道德原则，或者犯有严重过错的学生，他们常常表现为人生观价值观不能适应社会大众要求，不能遵守纪律，不能按时完成学习任务，不好好地做作业等。现在改叫后进生。

由于个体存在差异性，在一个班级里面学习的学生在学习成绩、思想品德、身体条件等方面肯定有差别，只有暂时的后进生，没有所谓的差生。

　　"差生"是青少年对自己认识的偏差。只有认识自己的不足，努力发现问题解决问题，后进生才可以转变成优等生。

　　现在正暂时处在后进生行列的青少年们，要充分认识自己的缺点和不足，更要发现自身的闪光点，培养自信心，甩掉思想包袱，乐观快乐地学习生活，不被暂时的困难打倒。培养坚强的意志，确定目标后，就要努力去实现，努力才会成功。

　　如果你的周围有后进生，应用包容的眼光看待他们，友好地和他们相处，当他们在学习生活中遇到困难的时候伸出援手。

同学不喜欢我怎么办

　　青春期的孩子有一个特点，就是对与自己合拍的人无话不说，而对自己讨厌的人闭口不谈。其实有的时候不是别人不喜欢你、讨厌你，而是你无意间的外在行为让别人误解了你。

　　自从转学后，贾谊整天闷闷不乐的，新的学校、新的班级丝毫没有引起他的兴趣，没有任何的新鲜感，原本性格内向的他变得更加沉闷了，在学校几乎不与同学来往。每天放学后，其他同学都三五成群有说有笑、高高兴兴地回家，而他却常常独自一人走在回家的路上。

有一天晚上，他对妈妈说："妈，我不想在这里上学，我能回到原来的学校吗？"妈妈一听，满脸疑惑关心地问："儿子，怎么了？想以前的同学了吗？这可是这里最好的中学了，现在我们一家都在这儿生活了，不可能再回去了。"

"妈妈，我想我以前的同学了。"

"现在，你不是也有新同学了吗？妈妈相信，你很快就会交到好朋友的。"

"妈，班上的同学一点也不喜欢我，不喜欢和我交朋友。"贾谊伤心地回答道。

"你怎么知道同学们不喜欢你呢？你主动接近同学了吗？主动和同学打招呼了吗？"妈妈关切地问。

"妈，我是新同学啊！我害怕主动接近他们啊！班级的集体活动，他们也没有邀请我参加，放学后没人愿意和我一起回家。"贾谊一脸的委屈。

"儿子啊！你刚到一个新的班集体里，这正是锻炼你胆量的好机会。你要学会主动融入班集体，让更多的同学了解你，知道你的兴趣爱好，这样才能交到朋友，才有同学喜欢你啊！"

贾谊听后，大声说道："妈妈，谢谢您！我会努力的，我会让同学们了解我，喜欢我的。"

妈妈听后，满意地点了点头，高兴地说："儿子，妈妈相信你一定会做到的。"

>> 给男孩的悄悄话 <<

每个人都有自己的个性，不同个性的人会欣赏不同的人，所以，有的男孩子担心同学们不喜欢自己，如果同学们都不喜欢你的话，说明你的性格里存在着一些不足，那么就要检查自己个性里的不足，来和同学融洽相处了。

简单地说，个性就是一个人的整体精神面貌，即具有一定倾向性的心理特征的总和，是一个人共性中所凸显出的一部分。在日常的人际交往中，我们会发现，有的人行为举止、音容笑貌令人难以忘怀；而有的人则很难给别人留下什么印象。有的人虽曾见过一面，却给别人留下长久的回忆；而有的人尽管长期与别人相处，却从未在人们的心目中掀起波澜。出现这种现象的原因就是个性在起作用。一般来说，鲜明的、独特的个性容易给人以深刻的印象，而平淡的个性则很难给人留下什么印象。

其实，个性没有好与坏之分，但是有些方面会让人不喜欢，比如过于自私等。被同学不喜欢是一件非常痛苦的事，青春期也是学习科学文化知识的关键时期，如果和同学关系不好的话，肯定会影响情绪，会出现消极的心理，孤独感和失落感都会找上门来，长期下去，还会导致抑郁。

被老师批评不是一件丢人的事

青春期的男孩子，随着生理和心理的成熟，自尊心也会很强，会很爱面子，被老师骂觉得丢脸是很正常的。不过，仔细想一想，就会发现，被老师骂其实不是丢人的事，反而是很幸运的。

"郑波，郑波，王老师叫你放学后去办公室，她会在那儿等你的。"班长李铭哲从老师办公室走了出来，来到郑波的座位旁对他说道。

"你快说说，王老师找我到底是什么事啊？"

"我不知道啊！王老师没有对我说，不过看样子她很生气，放学后，你自己去办公室找她吧！"

郑波一听，心头涌上一种不祥的预兆，"天啊！难道老师知道我晚上不上自习，外出上网的事了吗？怎么办才好啊？这次死定了。"郑波心里不由得想到。

最后一节课，郑波一直心不在焉，一心想着这件事。放学后，郑波忐忑不安地走进了王老师的办公室。"王老师，听说，听说，您找我啊！"正在批改作业的王老师听见后，抬起头看了他一眼，继续批改作业。

郑波见王老师阴沉着脸，看上去很生气。他战战兢兢地站在一旁，不敢看王老师一眼。过了一会儿，王老师说道："郑波啊！你看看你的作业，这道题我已经讲过好几遍了，你还是做错了，而且字迹潦草，上课的时候经常开小差，注意力不集中，你说说你最近都干什么了？""王老师，我真的没，没干什么。""没干什么，不要以为我不知道你多次逃课上网的事。"

郑波一听，脸"唰"就变红了，低下了头，不敢正视王老师的眼睛。"郑波啊！你是一个聪明的孩子，学习也很认真。现在正是学习的时候，这是现阶段你们要干的事啊！虽然上网是一种缓解学习压力的方式，但要有节制啊！更不应该逃课上网啊！马上就要升入高三了，现在抓紧时间学习，才是你一门心思要做的事啊！不要给自己留下太多的遗憾！"

"王老师，我知道我错了，我会改正的，今后我会认真学习，不辜负您对我的期望。"郑波抬起头看着老师说道。"知道自己错了，你依然是我心目中的好学生，老师相信你一定能做到的。"王老师亲切地回答。

郑波听后，笑着说道："我一定会改正的，请老师相信我。"王老师点了点头，郑波带着一脸的轻松走出了办公室。

>> 给男孩的悄悄话 <<

老师是我们人生的指路人，是陪我们走过青春的朋友。所以，自古以来"良师益友"的关系被人们推崇。不过，还有"严师出高徒"的说法，所以，严厉的老师对青春期的男孩子管教会更严些，有时怒其不争时还会出现骂人的情况。于是很多男孩子觉得被老师骂很没面子，觉得是一件丢人的事。

调查发现，一般老师会竭力帮助每一个学生，看着每一个学生成长，但是，由于精力有限，老师对每个学生的关注程度肯定不一样。只有学习非常好或差的学生，老师才会天天盯着，被老师骂其实就是被老师关注的方式之一。倘若没犯错的话，老师不会无缘无故地骂一个学生的，更不会骂一个敏感的青春期男孩子。所以，检查一下自己是否真的做错了事，及时改正，这是老师对自己的负责，自己也要对自己负责。不能曲解老师的本意，否则对自己的成长是有害的。

大家都知道，对某个人听之任之、不管不问的放任，如果老师这样做，肯定是一种不负责任。所以，自己犯错了，被老师骂也是一种恩惠，要珍惜老师给的改正机会，做最好的自己。

为什么每次选班干部都没我的份儿

学生们都认为在班里做班干部是一件非常光荣的事情，很多孩子都希望自己能成为一名班干部。但是，班干部毕竟是少数，大多数孩子还是和班干部的位置无缘。于是，那些热心肠又没被选中的同学就会很郁闷：为什么每次选班干部都没我的份儿？

王尚一直是个积极的学生，对班里的事情很热心，是老师得力的助手，班里的大小事情都缺不了他。可是每次选班干部，王尚都会落选，最多也就是做个小队长。王尚一直不明白，为什么自己总选不上，是不是因为自己不优秀，还是自己做事不够好，渐渐地王尚就不再像从前那样积极了。老师看到王尚渐渐消沉下去，就派王尚跟班长一起组织最近的篮球比赛。

课间的时候，王尚跟班长还有体育委员一起讨论这次参加比赛的人员，最后人员都差不多了，就是差一个有力的后卫，体育委员一筹莫展。王尚一下子想起了高强，说："叫高强上，他控球能力超强，当后卫肯定行。"体育委员听了一拍大腿说，"对呀，我怎么没想到，还是你小子点子多。"

放学的时候，班长通知那些定下来的同学留下，大家在教室里商量比赛的事儿。可是有几个同学提出不想参加比赛，尤其是王尚举荐的高强。高强说自己那天要跟父母去姥姥家，给姥姥过寿。王尚一听就很生气，这是给班级争荣誉的好机会，晚去姥姥家一会儿又怎么了。再说后卫不好找，就高强最适合，他还推三阻四地推荐别人，拿什么架子。结果王尚和高强争得不欢而散。第二天还是体育委员和班长耐心地做高强的工作，才说服高强参加比赛。王尚看着班长和体育委员说服高强时的样子，终于明白了为什么自己一直不能选上班干部的原因。原来除了激情之外，做事情还要学会体谅别人，要有耐心。自己虽然能力也不错，总能解决那些关键难题，但是耐心和宽容却比不上班长和体委。王尚知道了自己的不足，不再消极地对待选班干部这件事了。他还是像以前那样积极帮助老师和同学，而且，在做事情的过程中，克服缺点锻炼自己。老师看着王尚的变化很欣慰也很欣赏，觉得这个孩子是个可塑之才。

青春期的孩子，特别是一些男孩子，怀有一颗为班级做事的心，但是每个班的班干部就那么几个，因此不免就会抱怨，为什么每次选班干部都没自己的份呢？这一问题有时还会困扰这些男孩子，让他们觉得自己不够优秀，由此会变得消沉和不求上进。其实，每个人都很优秀，只是表现的方面不同而已。可是，究竟是什么原因让同样优秀的男孩子没有被选为班干部呢？

一些老师认为，班干部的分工不同，就要求不同性格和气质的学生担当，比如：班长就要求具有领导和管理才能；生活委员就要具有亲和力、要体贴；体育委员首先得喜欢运动；学习委员就要学习成绩优秀，等等。

在选班干部时，这些因素都要考虑进去，在一群优秀的学生中，还要选择适合做班干部的学生。比如有的男孩子喜欢特立独行，就不太适合做班长。但是特立独行也不是坏事，这样的男孩子比较有个性，就会有创新。所以，能否被选为班干部并不是代表着一个学生是否优秀，努力做最好的自己就行了。

和同学闹矛盾遭报复

青春期的男孩子和同学之间闹矛盾是很正常的，只不过是"三天恼了两天好了"的青春期小摩擦，但你走过青春期再回首往事，便会觉得那时的小摩擦也是美好的。但是，有的男孩子遭到同学的报复就不正常了。

"加油，现在离比赛结束还有3分钟，我们还落后3分，这次一定要赢隔壁班，不然我们就太丢脸了，上次他们就赢了我们。大家要防范好对方，特别是对方的5号，他是我们重点防范的对象，大家要注意配合，投篮命中率要高点，剩下的时间不多了。"高二（1）班篮球队队长李玉斌顾不上擦脸上的汗水，大声地对队员说道。说完后，李玉斌和队员们相互拍了拍肩膀，簇拥在一起大声地喊道："加油！加油！"随后大家精神抖擞地重返了赛场。

裁判一声令下，精彩激烈的比赛又开始了，李玉斌和队员们全力以赴，争取在紧急关头挽回落后的局面。他们配合得十分默契，传球的速度十分快，特别是队长李玉斌带球过了对方两三个人，一个漂亮的三步跨栏，把球投进了篮筐。啦啦队的同学们冲着他们大声地喊道："加油，我们还落后1分。"此时，离比赛结束还有一分半钟。

对方见他们投进了一球，也变得紧张了起来。此时，由李玉斌他们控球，他把球传给了队友陈亮。正当陈亮带球进攻时，与对方的高个子球员发生了碰撞，陈亮摔倒在地，球到了对方的手里，裁判没有吹哨。对方球员带球过人，轻松地把球投了进去。球落地的一刹那，整场球赛结束的哨声吹响了。

李玉斌与队员认为对方球员是故意那样做的，才导致他们失去了最后一丝希望。如果没有这样的故意行为，他们就有可能赢得此次比赛。李玉斌和队员们越想越不服气，难以咽下这口恶气。队员张潭气愤地说道："不能就这样便宜了（2）班，是他们故意的。"

放学后，李玉斌带着几名同学堵在校门口，等着（2）班的队员。李玉斌二话没说，冲上去把（2）班篮球队的队长，按倒在地，抡起拳头打了下去。

老师得知后，急忙跑了出去，把他们扯开，带回了办公室。最终在老师的耐心教导下，李玉斌认识到了自己的错误，低头向对方球员道歉。

>> 给男孩的悄悄话 <<

故事里所提的同学之间的矛盾，让从青春期走过的人都会会心一笑，甚至会觉得那时同学之间的小矛盾都是甜蜜的。

俗话说"一辈同学三辈亲"，同学之间的友谊是非常珍贵的，它值得每一个青春期的男孩子珍惜。所以，不要轻易因为一些琐事计较，当同学之间有矛盾时也不要记在心里，一笑而过，是一种风度。有的男孩子和同学闹矛盾遭到了报复，就是不可思议了。

一般来说，同学之间也不会有什么深仇大恨。一旦事情已经发展到了这种程度，就要认真思索对策了。遭到报复的男孩子首先要自我反思一下，是不是自己做了伤害同学的事，伤害了别人的自尊，如果自己做了过分的事情伤了同学，那就要敢做敢当，向同学赔礼道歉，化解彼此的矛盾。

其次，如果自己确实没有做什么对不起同学的事情，彼此之间只是一些小摩擦，却遭到了报复，那么就大度一些，原谅同学。没有不可化解的矛盾，只要有颗真诚的心，同学早晚会理解你的良苦用心的。

没有人是全才

很多人因为自己的缺陷和不足自怨自艾，从而丧失了自信，变得自卑。其实，世界上根本就不存在完美的事物。你要相信，你有许多与众不同的甚至优于别人的地方，你要用自己特有的形象装点这个丰富多彩的世界。

李康是班里的多面手，每天都忙碌于各项活动中，不管是文艺节目表演，还是运动会，甚至各种作文竞赛都有他的身影。班上的很多同学都很羡慕他样样都行。但是他倒一直不如普通的同学高兴。每次见到他总是唉声叹气，跟舞台上那个神采飞扬的李康完全是两个人。班长刘凡一直观察着李康这种异常的表现，终于有一天，他忍不住想问问，到底是怎么回事。

放学的路上，他终于等到了李康。刘凡说："你是咱们班的全才，无论是唱歌还是跳舞，无论是作文竞赛，还是运动会，都能看到你的身影，而且你还都能取得好成绩，你怎么做到的呀？"李康来气了，大声地说："我这也算好成绩，我顶多算是友情客串罢了。"

刘凡纳闷地看着李康问:"你脾气可真不小,看你怎么天天好像不开心?"李康情绪低落了下来:"我一直想把所有的事情都做好,但是我什么都做不好,虽然你们看着我什么都参加,但是我知道我自己做什么都没那么好。你没有发现么,我很多时候都是只取得一个还凑合的成绩,但是根本做不到最好。"

听了李康的话,刘凡明白过来,原来李康要的是自己当全才呀。刘凡劝慰李康几句:"没必要让自己成为全才吧,大家都是这样呀,在自己喜欢的事情上多下功夫就好了,那些不擅长的方面干吗那么跟自己较劲?"

李康显然没有把刘凡的劝解听到心里去,他摇摇头说,"你不懂,如果咱们现在什么都不懂的话,以后长大了,进了社会,就更没有机会了。你没听过吗?这个社会要的是全才的社会精英,所以我才这么累的。"

刘凡听得目瞪口呆,眼前的这个同班了两年的男生让他无话可说,一个初中生,为了适应社会的需要,硬要把自己培养成全才,每天疲惫不堪,这究竟是李康的问题,还是自己不够上进?

刘凡迷茫地回家了。这个问题,他得跟爸爸妈妈讨论一下。

>> 给男孩的悄悄话 <<

李康颇有些完美主义倾向。完美主义的人表面上很自负,内心深处却很自卑。因为他很少看到优点,总是关注缺点。如果总是不知足,很少肯定自己,自己就很少有机会获得信心,当然会自卑了。

不知足就不快乐，痛苦就常常跟随着他，周围的人也会不快乐。认识到没有人是全才，接受自身的不完美，这样的人生会轻松很多。

人无完人，金无足赤。没有一个人是完美无瑕的，难道有缺点和不足就注定要悲哀，要默默无闻，无法成就大事吗？其实，只要你把"缺陷、不足"这块堵在心口上的石头放下来，别过分地去关注它，它也就不会成为你的障碍。假如能善于利用你那已无法改变的缺陷、不足，那么，你仍然是一个有价值的人。

其实，完美与不完美是一个相对的概念，当我们把生活中那些不如意看成是一种缺憾，放大生活中痛苦的时候，人生仿佛一片黑暗；而当我们能够接纳那些不完美，把生活中那些不如人意看成人生重要组成部分的时候，我们的人生才叫完美。

完了，我被误解了

青春期里的男孩子是最朝气澎湃的，是最敢作敢当无畏无惧的，也是敏感多思的。青春期的男孩子会特别注意别人对自己的看法，担心自己哪点做得不好会被人误解。

春天到了，各种植物都开始吐出新芽，大地上也冒出一片一片的嫩绿。王老师决定组织班里同学一起去郊游，让大家自己带吃的和水，多玩一会儿再回来。不巧的是，马奇这几天正好有一点感冒，可是他又实在不愿意错过这个好机会，不但可以接触大自然，还能跟同学们一起玩。所以他还是决定跟大家一起去，只是在出发之前吃了几片感冒药。

大家到了学校后面的一个山坡上，那里的小草已经长起来了，还有一些小野花，特别好看。大家玩了一会儿有点累，王老师说："大家原地坐下休息一下吧。"同学们三个一组、两个一簇地坐了下来，分别拿出自己包里的零食，互相分着吃。这时候，班里的女生宋小菲突然发现自己早晨走得急，竟然没有拿水壶。这可怎么办？她有一点着急，这时候转身看见身边的马奇拿着一个好大的水壶。她轻轻地对马奇说："我忘了拿水壶，可以喝你的水吗？"

马奇心想，我感冒了，传染给她可不好。于是，马奇摇了摇头说："不行。"只见小菲的脸马上红到了脖子根，然后默默地走开了。马奇忽然觉得自己被误解了，他并不是故意地不给小菲喝水的，她肯定以为自己是个吝啬鬼，这下可完了，马奇的心情一下子落到极点。

>> 给男孩的悄悄话 <<

青春期的男孩子，是非常敏感的，他们渴望被理解，又害怕被误解，而这种误解又常常发生。青春期里的男孩子常见的误解可以分为同性之间的误解和异性之间的误解。一般来说，同性之间的误解比较容易化解，而异性之间的误解则不容易。因为到了青春期，男孩子和女孩子都敏感得很，一旦误解产生，女孩子又往往拒绝沟通，男孩子会显得手足无措。

如果青春期的男孩子被误解了，不要因此心事重重，不要置之不理，不要首先抱怨别人，要先反思一下自己哪儿做得不够好，然后再真诚地去向别人解释清楚，或者用自己的实际行动改变自己的形象，让别人了解到真实的自己。

不受欢迎的课代表

课代表一般都是班里成绩比较好的学生担任，这样有助于帮助学生提高学习成绩。课代表的职责最重要的就是负责收发作业，及时向老师汇报同学学习情况，督促学生完成老师布置的作业题，配合老师的工作，等等。

上了中学之后，学习变得紧张起来，不但科目增加，而且难度也加大了，经常有各种各样的习题和作业。韩聪是个很活泼好动的男孩子，平时有些贪玩。现在，越来越多的学习任务让他有些吃不消了，尤其是英语。老师讲的很多语法他都没有记住，每单元的单词也不及时背。有些上课没听懂的，课后也不记得问，这样日积月累，英语成绩开始下滑。慢慢地，韩聪开始讨厌上英语课，更不喜欢做英语作业，这使他的成绩下滑得更厉害了。

韩聪班里的英语课代表叫李萌萌，是个学习很刻苦的女孩子，她的成绩在班里一直名列前茅。李萌萌作为班里的英语课代表，不但学习成绩好，而且尽职尽责。每到快放学的时候，她都反复督促大家要记得做作业，第二天早晨都早早地把同学们的作业收起来交给老师。可是韩聪很不喜欢她，他觉得课代表跟英语一样讨厌，所以对李萌萌一直很抵触。

>> 给男孩的悄悄话 <<

课代表为什么不受欢迎呢？经过相关调查才发现，男孩子们对此情况态度大同小异。课代表和老师走得比较近，学生会担心课代表向老师汇报自己不好的情况。另外，课代表会一直督促着同学交作业，繁重的作业让学生焦头烂额。所以，会有学生不喜欢课代表，其实是间接地害怕学习。

其实，课代表并没有错，不喜欢课代表，要从自身找原因，比如自己上课是否认真学习了，或者作业是否按时完成了等。如果你各方面做得都比较好的话，就不会不喜欢课代表了，甚至还会盼着课代表给你带来老师给你的反馈信息。

最烦同学喊我外号

绰号一般又称外号、诨号，是周围的人根据某人的特征、特点或体型给他另起的非正式名字，以表示亲昵、开玩笑、憎恶或嘲弄的意味。善意的外号大家都能接受，但恶意的外号是每个人都反感的。

"麻杆，帮我再讲讲这道题。也不知道怎么回事儿，老弟我去办公室转了一圈，问了半天还是没明白。"戴天乐大大咧咧地一边走一边喊，大家听了都笑了。坐在旁边的陆伟听了一脸的不高兴，觉得很没面子。陆伟个子高但很瘦，打篮球的时候其他班的一个同学喊过他一声"麻杆"，从此班里其他几个同学也经常这样喊他了。

戴天乐走到陆伟旁边把书一放："麻杆同学，给讲讲呗。"

陆伟理也没理："不会！"

"怎么了，跟谁生气了，这么大脾气。小心变枪杆哦。"

陆伟听了，气得一下子从座位上站了起来："你再说一遍，谁是麻杆？"

戴天乐吓了一跳，也火了："发什么神经，开个玩笑怎么了，爱讲不讲，真酸。"

陆伟听到戴天乐说自己酸，更火大了。旁边的同学一看，赶紧把戴天乐拉走了。

戴天乐一边往外走一边说，"没见过这种酸溜溜的人。"陆伟听到气得不行，一把把戴天乐放在自己桌子上的书摔了出去。被拉着刚要出门的戴天乐看到自己的书被摔在地上，甩开同学的手，跑回来跟陆伟扭在了一起。

马老师看着两个衣衫不整的学生站在自己面前，气得都乐了："戴天乐，陆伟，你们俩真行啊，就为这点事儿，你俩就打起来了？"

"他当着那么多同学的面喊我外号，嘲笑我。"

"谁嘲笑你了，我开玩笑的。"

"谁跟你开玩笑，喊外号就是不尊重人。"

"还吵，你们两个都不对，老师现在没时间，都回去好好想想。"

看着两个人蔫蔫地走出去，马老师摇了摇头。

班会的时候，马老师用"外号"做话题让大家讨论。当大家争论喊外号是不是不尊重别人时，马老师打住了大家的争论，讲起了自己高中时的外号。大家很惊奇，安静地听着。马老师讲完时，陆伟和戴天乐互相看了一眼，都不好意思地低下头。

>> 给男孩的悄悄话 <<

一般的男孩子不会在意绰号，还会因此更了解自己、了解他人。同学之间喊绰号本是很正常的事情，有的同学出于好玩或愚弄喜欢喊别人的绰号，正确运用了这一游戏还会拉近彼此的距离。但是，青春期的男孩子心理也是非常敏感的，对于同学喊绰号也会很反感。

正处于青春期的男孩子一般来说对别人说自己胖、矮、小眼睛比较介意。因为随着青春期的到来，他们会慢慢在意自己在他人眼中的形象，男孩子们当然就会讨厌被人指出这些常人看来是负面的特征。

男孩子要了解，同学之间相互喊绰号是很正常的，没有恶意，如果你觉得不舒服可以直接告诉他们。不要因为同学的玩笑话就感到自卑，要坦然面对自己、接受自己。

喜欢炫"帅"的年纪

要不要用文身纪念青春

文身，俗称刺青，就是用有墨的针刺入皮肤底层而在皮肤上制造一些图案或字眼出来，在身体上刺绣各种花纹。

陆青有个从小一起长大的朋友，那个孩子很早就辍学了，经常和社会上的小混混们在一起厮混，暑假的时候，他来找陆青玩，他的胳膊上文了一条龙，黑色的龙纹在胳膊上盘旋，看起来就像电视里那些跟古惑仔有关的电影。

那个朋友极力地向陆青炫耀自己身上的文身，那是多么的帅呀，这文身就是用来证明自己年轻过，也疯狂过。

陆青家教一直很严，爸爸妈妈对陆青的要求很多也很细，陆青一直是个乖孩子，规规矩矩上学，放学回家，朋友也不多，而且妈妈还禁止过他和这个朋友交往，只不过他们是从幼儿园就认识的小伙伴，妈妈也没有强行反对他们的来往。

看了人家胳膊上的文身，想起电影里那些帅气的打斗镜头，还有那些黑社会电影里一个个疯狂的文身，陆青心动了。他想着：我长这么大了，怎么也该自己做主了，好歹也给我自己留下点青春的礼物，就当是纪念也好。

他开始询问那个男孩关于文身的事情。那个男孩见他对文身感兴趣，急忙热心地推荐了几个可以文身的店铺，并且热情地要带陆青立刻过去文身。

但是陆青明白，对于他从小受到的教育来说，文身绝对是不被允许的。他还很犹豫，要考虑一段时间才能决定。所以就让他的朋友先走了，自己一个人开始思考文身的事情。他甚至在晚上查看了大量的文身图片。还有一些关于文身的资料。他的心里蠢蠢欲动，发誓要给自己的青春留下个大大的印记。

陆青怕被父母发现，内心不断挣扎。他思前想后，又觉得自己也不是那种在社会上混的人，好像没必要文身，如果被学校发现了，肯定还得被处分。而且，听说文身就是用针将墨水刺进肉里，很疼很疼。他甚至想要不要用掷硬币的方式来做决定。

>> 给男孩的悄悄话 <<

要文身吗？这不仅是陆青一个人的问题，很多人在看到别人身上的文身后也会蠢蠢欲动。喜欢看明星演唱会的孩子也不难发现，有些明星也文身，而出场的明星往往是金发闪耀、光彩夺目的。喜欢看香港警匪片的青少年会发现，片中很多男性身上都有文身，或龙或虎或豹，亦或是某个情人的名字。文身似乎成了某一个特定群体的象征，象征自己的虎胆英雄。

走出电视，走在真实的生活世界中，你依然能够很轻易地发现身边很多文身的人。文身现在越来越成为一种时尚、一种艺术、一种文化，也渐渐成为新新人类彰显个性的一种方式。在生活里，他们确实看起来很另类，很吸引人眼球，可是你知道吗？在文身的背后，他们也要付出很沉重的代价。

光鲜的表面隐藏的，是你不知道的伤害。关于文身后的遭遇，网上曾经流传这么一个说法："想当兵就不能；想找个好老婆，女孩儿家人不干；走路上说你是小流氓；找工作说你是混混。"这几句话真的说出了那些文身者的内心隐痛。

为什么我不能像偶像明星一样染发

随着青春期的到来，男孩子也开始逐渐注重自己的外表。偶像明星的时尚造型被越来越多男孩模仿。小时候的"和尚头"已经不能满足青春期男孩们的需求，他们喜欢把头发留长，并在发色上做文章。但是，你知道染发的危害吗？

刘立杰升旗之后被教导主任逮到了办公室，跟他一起被逮的还有三四个同学，他们有个共同点，就是头发都不再是黑色的。刘立杰的头发染成了黄色，那几个同学的头发有棕色的，甚至有个火红色的，看起来就像是火鸡的羽毛。大家都低着头，不敢看教导主任的黑脸。

主任开始一个个询问原因。得到的结果基本一致，他们都比较喜欢韩国的那些明星，而那些明星偶像都把头发染成了各种奇特的色彩。现在在电视电影上流行的韩国明星深得青少年的喜爱，他们奇异的造型也让学生们以为那就是美，争相模仿起来。教导主任深深叹了一口气。

这帮正值青春期的孩子们盲目地追逐明星服饰打扮的事情，每年都会发生，经常有不穿校服，穿着奇装异服来学校的，以前是女孩子比较明显，现在男生的势头也开始上升。看着这些五颜六色的头发，主任无奈地叫来了被逮孩子们的班主任，让他们一一带回去进行教育和开导。

刘立杰也被自己的班主任老师带回来了。老师没有给他讲大道理，没有讲那些每天都听的耳朵长茧的话，而是告诉他，染发的危害。原来染发剂里有那么多致癌物质。他以前都不知道，只是觉得像韩国明星那样的头发颜色就是比自己的黑头发好看，现在外面也流行染发，就把自己头发染了，没想到还有这么多危害。

而且，老师给他做了思想工作之后，他突然觉得，那些明星们也没有那么好看。老师告诉他，做自己才最重要，模仿别人，永远没有人家本人漂亮。他想着老师说的话，决定回去了就把头发弄回本来面貌，还要告诉自己的同学，染发有很多危害。

爱美的男孩在变换头发颜色的时候，必须得考虑健康问题。

目前大多数染发剂中都含有过敏源——对苯二胺。这种物质很容易引起红肿、发痒、湿疹等过敏症状。还有一些染发剂中含有芳香胺类化合物，这是一种致癌物质。另外，染料经皮肤、毛囊进入人体，然后进入血液，很有可能会破坏血细胞，对身体百害而无一利。

有一对英国夫妇，妻子是金发碧眼，丈夫却有着棕色的头发。丈夫很爱妻子，非常想拥有和妻子一样的金发，于是他总是不断地染发。后来，电视上报道说他常使用的那种染发剂出了问题，严重影响健康，他便说出了这样的话："我喜欢金发，但我不能用健康来换取美丽。不知道之前染发是否已经影响了健康，但今后我是不会再染发了。"

每个人都应该用这样的理智来维护自己的健康。盲目模仿明星染发会严重损害青少年的健康，爱美的男孩还是要三思而后行，因为健康比时尚、潮流更重要。

奇装异服不是帅

受影视和广告的影响，现在个性和帅气为男孩子热衷，都想成为"帅哥"。这本是件无可厚非的事，但是，凡事都有个度，否则会过犹不及。

上学的路上，几个帅气个性的男孩儿骑着山地车呼啸而过，站在路旁等车的黄文斌看到后，心里羡慕得不得了。"真帅，我要是也能那样，大家就会更加佩服我了。"黄文斌的成绩在班里很好，大家都知道他脑子好、学东西快，连老师都说他比别人聪明得多。黄文斌对此也有点洋洋自得。不过黄文斌觉得，成绩好还不算完美，应该在"别的方面"也很突出才对。看到刚刚风驰电掣骑车过去的几个人，黄文斌心里有了主意。

星期天的时候，黄文斌没去上补习班，偷偷溜去了商场。他用自己的零花钱，比着昨天看到的那几个同学的样子，买了一套衣服，又去发廊做了头发，出来后来了个一百八十度的大变样。因为爸爸妈妈出差，只有奶奶跟他做伴，所以回家后除了被奶奶唠叨了几句，就没什么了。

星期一，黄文斌在去学校的路上，总觉得不自在。进学校后，看到进进出出的同学，像平常一样，对他并没有太多关注，黄文斌有点失望。等到走进教室，大家都在低头看书，只有几个同学抬头望了望他显得有点惊讶，黄文斌更觉得不自在了。第一节数学课，黄文斌回答问题后，老师开玩笑地说了句"黄帅哥，请坐"，全班哄堂大笑。黄文斌恨不得马上赶回家把衣服换掉。

星期二，黄文斌的爸爸妈妈都回来了。看到黄文斌像往常一样，就问黄文斌这两天有没有犯错误。一身学生装的黄文斌一边说当然没有，一边向奶奶使眼色。奶奶笑着说，咱们文斌帅了一把，又被同学笑得换回去了。爸爸妈妈听了哈哈大笑，黄文斌又气又羞地回房间了。

>> 给男孩的悄悄话 <<

由于青春萌动，青春期的男孩子具有爱美之心是很正常的，所以，一些男孩子就会模仿影星歌星们做一些酷动作，说一些流行语，最常见的是服装上的追星。看一部电影电视剧或一个广告，觉得演员们穿着帅气，自己也想模仿，于是，校园里奇装异服就多了起来。

奇装异服的屡见不鲜，夺去了人们欣赏纯真的机会。在初高中里，一群青春期的男孩子，是朝气、年轻、生命力的象征，他们的笑容应该是透明的春天的颜色，是欣欣向荣的感觉，而这些奇装异服的泛滥，让青春期的男孩子过早地失去青春的纯真。特别是那些在膝盖上挖洞的裤子，天凉很可能会导致关节炎等疾病。

在最美的年龄里，无须修饰就胜过一切的修饰，年轻就是最大的美。所以，青春期的男孩子，请珍惜你最纯真的美，树立自己的审美观，别被外界牵着自己走路，要有健康和谐的审美趣味。要知道，奇装异服不是帅，作为中学生，最大的帅气来自对知识的追求，对美好品质的追求。

吸烟很酷吗

吸烟是一种不良嗜好，它对人体健康危害极大，对他人（被动吸烟者）和环境都有害。目前我们并没有把抽烟作为一种恶习进行挞伐，但是青少年还是不要染上吸烟的习惯，尤其是在公共场所更是要对自己与他人的健康负责。

于宾是一名高二的学生。自从上高中后，于宾的个头猛长，转眼间小不点长成了高大的男子汉。长大了的男子汉可以帮助别人做很多事情了。他能轻松地给家里换灯泡，换煤气；在学校大扫除时帮助女同学擦高处的玻璃；在外边遇到不平事也挺身而出。这些事情都让于宾觉得自己长大了，是个有担当的男子汉了。

周末家庭聚会时，见到许久未见的表哥。表哥从小学习成绩就好，现在在一所名牌大学念书，家里的亲戚总是教育于宾要向表哥学习，爸爸妈妈还要于宾考和表哥一样的大学。的确，表哥不仅博学多才，还外貌英俊，性格开朗，有很多女孩子喜欢他。现在的表哥更帅了，留长的头发，时尚得体的衣服，优雅的谈吐，这些都令于宾羡慕不已。

于宾滔滔不绝地和表哥谈了很多学校的趣闻，也向表哥抱怨物理有多难，食堂的饭菜有多差。表哥边微笑着倾听边从口袋里抽出一根烟点燃了。表哥帅气地用手指夹着香烟，悠闲地向外吐着烟圈，于宾不觉看呆了。家里爸爸不吸烟，也不允许他碰烟，学校里更是视烟为洪水猛兽。他从来没有想过吸烟可以这么帅，可以这么有男子汉气概。

回到学校后，脑子里不断浮现表哥吸烟的情形。于宾暗暗想：自己吸烟应该也和表哥一样帅，而且听说很多同学都偷偷尝试过呢，我也一定要试试。

于是，于宾买了一包烟，上厕所的时候在厕所里偷偷地学着抽，刚开始总觉得自己做了什么见不得人的事，总有一种罪恶感。后来竟然在厕所里认识了几个"烟友"，一下就觉得自己比其他同学要成熟，一种"优越感"油然而生。

慢慢地，周围的很多同学都发现于宾抽烟了。可是令于宾没有想到的是，吸烟不仅没有给自己增加男子汉的魅力，反而损坏了自己的形象。现在很多同学都用异样的眼光看自己，有些女同学甚至躲着自己，似乎自己是什么怪物。

体会到被孤立的滋味，于宾下定决心：一定把烟戒掉，以后再也不吸烟。

>> 给男孩的悄悄话 <<

据医学家研究表明，青少年正处在生长发育时期，其生理系统、器官都尚未成熟，对外界环境的有害因素的抵抗力较成人弱，易于吸收毒物损害身体的正常生长。而烟草中含有毒物质 20 多种，烟雾中有害化合物多达 300 种以上。吸烟所造成的死亡率大大超过酗酒和车祸，它对冠心病、睡眠、性功能、心理等都有直接影响，难怪有人把吸烟比成慢性自杀。

目前，青春期男孩抽烟的比例上升较快。有的人以为吸烟的人才有派头儿；有的人出于好奇，抽着玩的，竟成为"老烟民"；有的人想戒烟，但总是以写作或要研究问题为借口，烟不离口；甚至有的人睡在床上也要抽支烟，以至引火烧身，悔之莫及。

吸烟"上瘾"只是一种顽固的习惯，它不同于吸毒成瘾。在戒烟过程中也没有很大的痛苦和病理反应，因此较易戒除。但严重嗜烟者的戒烟亦有较大难度，戒除过程中有消极反应。

嗜酒成癖的坏处

古今中外，许多人都爱酒。无酒不欢，酒虽然是交友叙怀的好东西，可一旦嗜酒成癖，成为陋习，则要坏大事的。

刘铭是高二七班的班长。他为人热情正直，对班级工作积极负责，得到了老师的信任和同学们的喜爱。

有一天，刘铭看到同班的张华手上绑着绷带，脸上似乎也有伤痕。刘铭就关心地询问张华，张华吞吞吐吐只说是自己不小心碰伤的。看到张华不愿意说，刘铭也就不好问了，只是在私下里打听。

原来，张华的伤是酒后和别人打架所致。在高一暑假和同学聚会时，张华就学会了喝酒。并且不知什么时候认识了一帮"酒友"。

这帮朋友没事就聚在一块儿喝两杯，刚开始的时候，张华还是应付朋友，可是到后来自己也迷上了喝酒。考试考好了喝酒庆祝一下，情绪不好了就以酒浇愁。

刘铭觉得问题严重，就直接找到张华。"你是不是喝酒了？这违反了学校的纪律。"刘铭顿了一顿，"我们这么大正是长身体的时候，喝酒不利于生长发育的。而且喝酒很容易出事的。你看，你不是都受伤了吗？"张华很厌烦："没事，我有分寸。"刘铭见张华不听劝便把事情报告给了班主任。

班主任很重视，他严厉地批评了张华，讲了酗酒的诸多坏处。可是张华却觉得老师小题大做。他心里嘀咕：都这么大了，喝点酒算什么。

有一天，终于出事了。酒后的张华骑着自行车在马路上飞奔，由于脑子不清醒，竟然撞到路旁的垃圾桶上，结果摔得大腿骨折还伴有脑震荡。现在的张华连生活都不能自理，只能卧床休息。

高中时间那么紧张，自己却只能躺在床上忍受痛苦，一想到这些张华就很后悔：自己不该不听班长和老师的话，不该学着喝酒。张华暗下决心：从今天起再也不沾酒了。

>> 给男孩的悄悄话 <<

如今有许多青春期男孩认为饮酒是交友的好办法，而热衷于聚会狂饮，或结交一些酒肉朋友，嗜酒成癖，最后导致是非不分，良莠不辨，惹出祸端。因酒后的一时冲动而犯罪的时见报端。

青少年正值发育的黄金时段，酗酒的危害不可小视：

酗酒伤肝。肝脏是人体最重要的解毒器官，也是合成胆汁、贮存肝糖原的脏器，过量饮酒引起脂肪肝，必然导致消化吸收功能障碍和免疫功能下降，使机体对各种疾病的抵抗能力降低；酗酒可损伤大脑，使记忆力下降，使智商和判断力明显减退；经常醉酒可导致血管痉挛、呼吸肌麻痹；长期酗酒将造成心肌脂肪化，损伤心脏功能，诱发高血压、冠心病。

经常酗酒还会损伤生殖功能。医学研究证实，酗酒会导致生殖腺功能降低，使精子中染色体异常，从而导致胎儿畸形或发育不良。

远离赌博，警惕赌性

俗语说得好："赌博赌博，越赌越薄。"可就是这么一个让人越来越"薄"的"赌"，却使一些孩子走向了歧途。因此，青春期的男孩有必要认识清楚赌博的危害。

王锋最近上课注意力总是不集中，还哈欠连天。

早上九点，语文课上，林老师正在声情并茂地讲述《背影》，讲台下很多同学眼里已经泛起泪光，老师对学习效果很是满意。眼光一瞥，竟然看见王锋趴在桌子上睡着了。课后林老师把王锋叫到办公室严厉地问他："最近怎么回事，上课总是瞌睡，这几天的作业都很潦草，上周的作文都跑题了！出什么事了吗？"王锋嗫嚅道：

"我……我最近睡得有点晚……上课就犯困。"老师一听觉得有问题，于是接着问："那你晚上都干什么了，为什么不早点睡呢？是作业太多还是看电视看得太晚？""都不是，就是……家里妈妈他们打麻将，有时候人不够……拿我凑数。"王锋小声说。

原来，王锋的妈妈最近迷上了麻将，吃过晚饭后，就在家里摆牌局。写完作业后，王锋偶尔也会过去看看，觉得很新奇。刚开始爸爸妈妈不让他看，怕影响他学习，时间长了没发现什么异常也就不管他了。有时候牌瘾上来，"三缺一"的时候还会拉王锋凑数。王锋玩麻将只赢钱不输钱，因为大人们都不要他的钱，他还用自己"赚"的钱买了心仪已久的飞机模型，为此他很是得意。

慢慢地，王锋也痴迷打麻将了。放学后潦草地把作业写完，就等着妈妈他们打麻将。妈妈他们一般都要玩到凌晨以后，虽然王锋被强制回房睡觉，但是听着外面搓麻将的声音心里就痒痒的，在床上一直翻腾到牌局结束才能入睡。白天上课时，除了打瞌睡就是回想昨天晚上的牌局。

林老师意识到问题很严重，当即教育了王锋并马上找到了王锋的父母。爸爸妈妈没有想到自己的娱乐活动给孩子带来了这么坏的影响，当即保证再也不让王锋接触麻将。

>> 给男孩的悄悄话 <<

赌博是以扑克、麻将等工具，用财物作赌注争输赢的行为。目前，在青少年之中，这种不良行为具有很高的发生率。大量事例证明，青少年赌博的危害性极大。

青春期男孩赌博往往会导致学习成绩下降，并会诱发失眠、神经衰弱、记忆力下降等症状，造成心理素质、道德品质下降，伴随而来的是社会责任感、耻辱感、自尊心都会受到严重削弱，更严重的是赌博还会导致违法犯罪，现实生活中有许多男孩因为赌博引起暴力犯罪。

青春期正是身体和心理成长的关键时期，人生中很多良好的习惯和性格的养成都是在这时候打下基础的。那么，对于这一时期的男孩来说，健康趣味的养成会成为自身一种无形的资本，并会使得自己以后的人生受益无穷。

| 迷茫的成长路

哥们儿义气不等于男子汉气概

在影视剧里面，人们经常见到那些为了朋友不惜上刀山下油锅的人，现实生活中的男孩子们又往往误认为那样就是英雄好汉，于是，自己也开始在身边的朋友圈中拉帮结派。

小军是个很讲哥们儿义气的男孩子，在班上以他为首，聚集了几个脾气相投的男生，大家抱着"有福同享，有难同当"的思想，把彼此的事情都当成自己的事情来看待。

有一天，这些孩子中一个叫黄凯的男孩与高一年级的同学马力发生了争执，吃了点亏。于是黄凯便向他的那帮哥们儿求助。小军看着受了委屈的黄凯，心想：哥们儿有难，我怎么能袖手旁观？于是立刻拉上他的那帮哥们儿，气势汹汹地冲向了马力的班级。

马力看架势不对，急忙道歉，但是小军为了在朋友面前挣足面子，硬是将马力劈头盖脸地狠揍了一顿。结果马力直接被送到了医院急救，而小军也受到了学校的严厉处分。

>> 给男孩的悄悄话 <<

确实，"义气"在历史上也曾一次次被传为佳话，如刘关张的桃园结义，为了结拜兄弟甘愿肝脑涂地。再或者梁山好汉，他们现在似乎已经成了义气的代名词。但是那毕竟是在古代，并且是在一个战火纷飞的时代里。而今天的男孩子们与意气相投的朋友在一起，往往有意识地将自己与意见不同的其他人对立起来，稍微受到外界的影响便容易将矛盾放大，进而采取打击报复的方式来彰显自己所谓的"义气"，而结果呢，往往是伤害了别人也耽误了自己。

正处在青春期容易躁动的男孩子们，遇到同学间可能出现的各种矛盾，一定要冷静处理。多站在别人的立场上考虑，不要轻易就将对方搁在对立面上，这样不但不利于矛盾的解决，反而容易激化矛盾。如果一心只想着帮圈子里的哥们，把黑社会的帮派气息带进学校，无疑会对学校良好的氛围造成亵渎与污染。

作为容易冲动的小男子汉，不要将自己锁定在某一个小圈子里面，身边的所有同学都有优秀的一面，都有值得自己学习的地方，也都有需要别人帮助的时候，因此不要轻易将他人排斥出去，要学会理解他人，关爱他人，这样自己身边的朋友会多很多，不管对人还是对己都是利大于弊。

烦人的青春期焦虑症

焦虑症即通常所称的焦虑状态，全称为焦虑性神经病。焦虑症是指持续性精神紧张或发作性惊恐状态。青春期焦虑症是指处于青春期的孩子显现这种状态。

"王恒，全市数学竞赛，老师已经帮你报名了，这个周六要记得去参加。"数学老师和蔼的笑容中透出了期待。"嗯，谢谢老师，我一定争取好成绩。"王恒嘴上这么说，其实心里别提有多郁闷了。因为他还要准备一场朗诵比赛。

晚上12点了，爸爸妈妈都已经睡觉了，王恒却在灯下苦苦进行"题海战术"。外面施工的声音隆隆不绝，恰巧这个题目无论如何就是想不出来。他一时气不打一处来，紧皱了眉头，咬着笔杆，抓着头发……终于忍不住了，把手中的笔使劲地摔在桌子上。

心里突然产生了强烈的怨恨：都怪老师不好，一点都不体谅我们这些做学生的，交代给我这么多事情，我做得完吗？外面的人也太缺德了，这都晚上几点了，还制造这么大的噪音，还让人休息吗？讨厌！还有，爸爸妈妈也是，根本就不应该把我送进这所学校里面来。总之……一切都很令人生厌！实在没有头绪，王恒洗洗脸，准备去睡觉。

关了台灯，躺到自己的小床上睡觉，可是无论怎样就是睡不着。

王恒翻来覆去，很长时间过去了还是睡不着，于是就使劲地踢被子，床发出"嘎吱""嘎吱"的声音。

半夜的时候，妈妈中间醒过一次，顺路来到王恒的房间看看他。其实这时他还没有睡着，看到妈妈来了，他不禁带着哭腔说："妈妈，我睡不着啊，难受死了。"

妈妈看到他这个样子，温和地拍拍他："小恒，恢复平静的情绪，你很快就可以睡着了。"

王恒对妈妈说："我要准备朗诵比赛，还要准备数学竞赛，这个周末还有考试，每天作业又这么多，想起来就觉得头都炸了啊。""嗯，妈妈知道小恒很辛苦，不过事情要一件一件来处理，我们只要尽力了，就不要去想结果，抱着这样的态度，最后的效果可能会更好些。"妈妈的话让王恒一下感觉放松了许多，不一会儿就睡着了。

>> 给男孩的悄悄话 <<

青春期是焦虑症的易发期，由于在这个时期个体的发育加快，身心变化处于一个转折点。随着第二性征的出现，可能有些男孩对自己的体态、生理和心理等方面的变化会产生一种神秘感，甚至不知所措。好奇和不理解往往会出现恐惧、紧张、羞涩、孤独，引起自卑和烦恼，还可能伴发头晕头痛、失眠多梦、眩晕无力、口干厌食、心慌气促、神经过敏、情绪不佳、体重下降和焦虑不安等症状。青春期焦虑症可能会严重地危害青少年的身心健康，但是，你要相信自己能够战胜它。如果长期处于焦虑状态，会使神经衰弱，所以必须及时予以合理的疏导和治疗。多和同学、老师及家长沟通交流，锻炼身体增强机体的抵抗力，同时要把注意力集中在学习上。

不卑不亢巧对"校园霸王"

有不少男孩在上学阶段都经历过被"校园霸王"欺负、勒索。而这些"校园霸王"都是欺软怕硬的假霸王，如果想摆脱他们，就要做到不卑不亢。

12岁的肖勇所在学校里有个叫张健的"小霸王"，留过两次级，比班里同学都高大，总找碴儿敲同学的钱、和同学打架，专门欺负弱小的同学和新同学。有一天放学后，肖勇就被张健给拦住了，他往肖勇面前一站说："喂，借我100块钱花花，怎么样？"肖勇有些害怕了："我没有钱。""没有钱就回家去取！明天不把钱交给我，就叫你尝尝我的厉害！"张健说着，狠狠地在肖勇的肩膀上捶了一拳。

肖勇回到家，哭着把这件事告诉了爸爸。爸爸说："对待欺负你的人，你越软弱就会越受他欺负。最好的办法首先是要不怕他，既勇于谴责和抵抗，又要以诚心对他，帮他改正。"肖勇认真地点了点头。

第二天，当张健又来找肖勇要钱的时候，肖勇鼓起勇气大声地对他说："我又不欠你的，凭什么给你钱？你要是再这么霸道，我们就一起去老师办公室评评理!"听到肖勇的声音,旁边好多同学都围上来,他们平时都受过张健的欺负,早就对他不满,见肖勇这么勇敢,纷纷过来支持他。张健一看形势对他不利,很心虚,只得放过了肖勇,嘴里却还硬硬地说:"好小子,下次你等着瞧!"

后来肖勇了解到张健的身世。张健父母离了婚,都不在他的身边,他只好和上了年纪的奶奶一起过。奶奶身体不好,没有人给张健辅导功课,更没有人和他玩,所以他脾气暴,不讲理。肖勇想,张健一定也很想和大家一起玩,只是大家都不接受他。

一天中午,肖勇看见张健独自在操场上打篮球,一连投进了很多球,不禁为他喝起彩来,张健一看有人为他喝彩,心里十分得意。肖勇走上前说:"你打得真好,不知可不可以也培养培养我?""小子,你还真有眼光!"张健更得意了,早忘了那天的不快。

从此肖勇每天和张健学打球,有时间还帮张健补习功课。他俩居然成了一对好朋友。渐渐地,在肖勇的帮助下,张健不但学习有了很大进步,而且还改掉了欺负人的毛病,有了更多的朋友。对此他十分感谢肖勇。

>> 给男孩的悄悄话 <<

面对"小霸王",首先要不怕他,勇敢地应对,可大声呼喊同学和老师,寻求帮助,要随机应变,不轻易妥协。但以人身安全为准则,在寻求解脱困境不成时,可以把钱给对方,最重要的是记住对方的特征,事后向老师、家长报告。要意识到,报告老师、家长并不是什么怯懦的行为，而是勇敢的一种得体形式。

　　如果正巧你所遇到的"校园霸王"是熟悉的同学或常接触的同学，在事后应设法了解对方的性格和家庭情况，努力地发掘赞扬他的优点，把握自己的原则，不卑不亢地与他相处，帮助他，这样可以为你赢得一个朋友。毕竟许多学坏的同学本性都是善良的，只是受了某些因素影响而暂时误入歧途。当然，首先要保证对方处在学校、社会的教育控制之下。如果对方被利益迷了眼睛和精神，且已不顾一切行为的后果，则应坚决地把这种事交由老师、警察处理。

　　面对校园"小霸王"，不要硬碰硬，这样往往容易使自己吃亏以至于受伤。面对校园暴力，要不卑不亢，机智应对。即使自己真的应付不了，那也不是自己的错，不需要隐藏，而是要在事后及时地寻求家长或老师的援助，这样才能够让自己尽快地走出危险困境。

坚决拒绝尝试"刺激药片"

　　吸毒问题已成为困扰人类社会的一大顽症，世界各国采取了各种各样的方法与手段竭力遏制毒品发展蔓延的趋势，但是，吸毒人员总数却在逐年上升。随着冰毒、摇头丸等新型毒品的出现，吸毒人群中又多了一群相对弱小的身影——青少年。

　　陈铭偶然的机会认识了同学晓刚的表弟，那个男孩很早就不上学了，每天在街上和一些小青年混在一起，每天无所事事，就在各种娱乐场所出没。暑假的时候，陈铭和晓刚都挺无聊，晓刚的表弟就提出，带着他们去寻找好玩的东西。两个初中生禁不住那个男孩的诱惑，就跟着他去了一个废旧的车库。

那个车库里还有几个和他们年龄相仿的男生，穿着破洞的牛仔裤，有的赤裸上身，还能看见胳膊和背上的刺青，还有手臂上烟头的烫伤。陈铭心里打鼓，想回家了。晓刚却拽着他说，看看到底有什么刺激的东西。

晓刚的表弟跟自己的那群哥们儿介绍了陈铭他们，就从车库里面一个破桌子里拿出了一个小瓶，里面是白色的药片。他拿出一片吞了下去，然后递给了晓刚和陈铭，要他们尝试一下这个刺激的药片。

陈铭觉察出了异样，坚决不吃，他拉着晓刚就走。他突然觉得那就是那些摇头丸之类的。晓刚的表弟忙劝说，让他们可以体验一下那种成仙的感觉。看着晓刚动心了，陈铭非常着急。他必须劝说晓刚，阻止他尝试这些"刺激"的药片……

>> 给男孩的悄悄话 <<

"白色瘟疫""生命毒剂""头号杀手"……对于毒品，任何一种表述都不为过。这种轻则害己毁家，重则祸国殃民的东西，21 世纪的今天，正如洪水猛兽般侵袭着我们年轻一代的身心。据国家禁毒委员会统计，目前，全国登记在册的吸毒人员已达 133.5 万人，其中 35 岁以下的青少年占全部吸毒者的 58.1%。毒品不但是摧残肉体、销蚀灵魂、毁灭家庭的恶魔，更是严重危害社会治安、践踏人类文明的世界公敌。在吸毒者人群中，80％有违法犯罪行为。生活中，犯罪分子会利用以下招数来诱惑青少年："吸一两次毒品不会上瘾。""别苦恼了，来点刺激的，这东西能解决一切烦恼！""免费尝试"谎称"吸毒治病"。他们用这些办法使人上瘾后，再高价出售毒品。处于青春期懵懂的男孩，对于毒品一定要提高警惕，辨别来自外界的诱惑因素，并充分认识到毒品的危害，珍视自己的生命，提高抵御毒品的能力。不要有任何好奇心，不要以身试毒。以身试毒必然要付出惨痛代价。绝不抱侥幸心理，绝不要"第一次"。不结交有吸毒、贩毒行为的人，慎交朋友。遇有亲友吸毒，一要劝阻，二要回避，三要举报。

告别青春期的迷惘

青春期综合征是青少年特有的一种心理现象，是青少年在青春期因适应能力和心理防卫机制尚不成熟而出现的具有心理失调特征的心理异常，其表现是因人而异、各具特色的。

薛峰今年17岁了，是高中二年级的学生。现在的薛峰阳光、自信，是班里的"模范生"，是同学们学习的榜样。半年前，薛峰可不是这个样子的。他经常陷入无端的迷茫与痛苦中。他时常思考：要是考不上大学该怎么办呢？现在成绩这么差怎么可能考上大学呢？

考不上大学，自己再待在学校还有什么价值呢？

他固执地认为自己是个不受欢迎的人，他总是对自己说："你个子那么矮，瘦得像豆芽菜，学习成绩又差，别人讨厌你都来不及，怎么会喜欢你呢？还是识趣点，离别人远些吧！"于是总是故意疏远同学。

薛峰还会无端地发脾气，流眼泪。有一次在课堂上因为回答不上来老师的问题，竟然当堂失声痛哭，同学们都惊呆了。虽然事后薛峰感到很羞愧，可是当时不知道怎么回事，就是控制不了自己的眼泪。那段时间，薛峰的状态本来就很不好，雪上加霜的是最疼爱他的奶奶病逝了。面对奶奶的离去，薛峰痛苦极了，怎么也不愿意相信亲爱的奶奶已经不在了。他固执地不让任何人动奶奶的东西，还把自己关在屋子里不吃不喝。

爸爸妈妈看到薛峰的表现，十分担心，每天苦口婆心地劝他。在爸爸妈妈的帮助下，薛峰终于从奶奶离去的痛苦中走了出来。走出痛苦的薛峰一下子明白了很多。现在遇到烦心事，薛峰再也不会憋在心里，自己钻牛角尖了。他会及时找老师家长沟通，及时发现问题，寻找解决的途径。

>> 给男孩的悄悄话 <<

薛峰遇到的问题是男孩子在青春期中的常见问题。人体是许多系统的有机结合物。这些系统的发育，就是人体的发育。但这些系统的发育并不是同步的，这就形成了发育过程的各个不同阶段。其中，生殖系统的发育是最晚的。生殖系统大约在 9 岁开始迅速发育起来，在 20 岁左右就发育成熟了。这是人从儿童到成人的转变时期，因为这个时期犹如大自然的春天一样，人们便称它为"青春期"。

由于青春期孩子的生理变化较大，并伴随着不同程度的发育失衡，由此会引起心理上的失衡，对青春期孩子的心理和行为造成一定影响，这些现象被统称为青春期综合征。

人体各部位在这一时期的生长速度是不均衡的，原因是生长素并不能十分周到地同时刺激身体所有组织的发育。所以，青春期的少年会出现肢体不匀称的现象，常常是某个时期胳膊显得太长，或者是身子长腿短，或者是手又过分大了，等等。这种种情形破坏了人体的结构美，让人不舒服，所以，青少年们常为这种不协调的现象苦恼，觉得自己身体不对头，甚至觉得别人会厌恶自己。其实，大可不必为此而忧心忡忡，随着身体进一步的发育，这种现象会自然消失。

第三章

心理 & 秘密——花季雨季自多情

| 若隐若现的情愫

能和女孩一起玩吗

小时候，男孩子女孩子在一起玩，两小无猜。随着年龄的增长，由于性生理的发展和逐渐成熟，男孩性意识开始觉醒。男孩会在心理上强烈地意识到男女有别，意识到男女之间交往与同性之间的交往，无论在交往方式上还是在交往的内容上，都会有许多不同。那么，青春期的男孩女孩该如何交往呢？

翼南是一个初二的男生，到了发育的年纪，身体开始如同抽枝的柳条一般迅速地伸展开来，原本在班级里坐最前排的位置，现在由于身高的原因，被排到了后排的座位。有了新的同桌，翼南也很开心，新同桌是个跟他一样高大的男孩，俩人很快成了形影不离的好朋友。还有一个小女孩也经常出现在他们身边。那个女孩是翼南以前的同桌，而且两家也在一个小区住，每天结伴上学、放学。

新同桌和女孩相处得也很好，课间的时候，那个女孩经常来后排玩，放学的时候也是三个人一起走，三个人成了无话不谈的好朋友。但是，班里的同学开始谈论起他们三个人的关系来，有的人说，女孩和翼南在谈恋爱，不过是拿着新同桌当幌子，好让老师们不怀疑他们，有的人说女孩和翼南的新同桌在谈恋爱，没准还是翼南牵线了呢。各种说法此起彼伏，也不断地传到翼南的耳朵里。本来他觉得三个人在一起很自然，很正常的事情，但是被大家这么一说，他也觉得怪怪的。班里的其他男生确实不太爱跟女同学们说话，他们三个看起来是有那么点张扬。

不能和女孩一起玩了么？已经男女有别了？翼南的心里打起了问号。这样总跟那个女孩在一起玩，难免会产生一些风言风语。其实根本没有的事，让他们这么说来说去也好像成了真的。

>> 给男孩的悄悄话 <<

男孩女孩的交往不仅是正常的，而且是必要的。男孩女孩之间的正常交往不仅有利于学习进步，也有利于个性发展，更有益于青少年身心健康成长。心理学的研究和实际观察发现，青春期交往范围广泛，既有同性知己，又有异性朋友的人，比那些缺少朋友，或只有同性朋友的人的个性发展更完善，情绪波动小，情感丰富，自制力较强，心理健康水平较高，容易形成积极乐观、开朗豁达的性格。但是，男孩女孩的交往在学校里，仍是一个敏感话题，处理不当，不仅会影响学习，也会影响身心健康。男孩女孩之间拘谨、畏缩，会妨碍青少年男女之间的交往；而过分热情、随便，又显得轻浮，不庄重，同样是不可取的。

新来的语文老师好漂亮啊

青春期男孩对年轻、有气质的异性老师产生爱慕之情，这是可以理解的，她也许是第一个闯入你心房的具有很大吸引力的年轻女子，与周围的女同学相比她肯定要出色很多。你对她产生好感，是十分正常的心理现象。但是，你知道如何控制这种感情吗？

新来的语文老师姓慕容，第一节课的时候就向同学们做自我介绍："大家好，我就是慕容老师。"思嘉在下面接个下茬："老师你是慕容复的亲戚吗？"大家都看过《天龙八部》电视剧，全笑了。慕容老师也笑了，笑起来格外甜美。

慕容老师很漂亮，这可是全班同学一致公认的：她身材苗条，个子高高的，穿着天蓝色的连衣裙，样子非常清纯。连班上的女生都惊呼："哇！美女。"

这位慕容老师脾气非常温和，站在讲台上，总是向大家微笑，她笑得那么自然、那么亲切，立刻拉近了她与同学之间的距离。

语文课上，她一遍一遍地给大家讲解问题、朗读课文，她柔和的嗓音，实在令人着迷。之前思嘉对语文课从没有兴趣，所以在做练习的时候笨手笨脚的，慕容老师耐心地帮助他纠正错误。

以后的课余时间，这位慕容老师经常成为全班男生的谈论话题："慕容老师的气质，就像是《天龙八部》里的王语嫣。""她也有点像是阿朱。"同学们说什么的都有。

"不过在我的心中，慕容老师就是慕容老师，不论是王语嫣还是阿朱，都比不上我们慕容老师啊！"思嘉认真地说道。

思嘉的伙伴们早就发现思嘉特别喜欢谈论慕容老师，问他："思嘉，你是不是喜欢慕容老师？"

"你们不也很喜欢吗？我只是和你们一样的喜欢而已。"虽然思嘉口头上没有承认，但是在心里已经肯定了，慕容老师的一切在思嘉的眼里都是那样的完美。只是思嘉不知道慕容老师是否也同样喜欢自己。

>> 给男孩的悄悄话 <<

坦率地讲，男孩的这种爱慕之情并不一定是真正的爱情，换句话说，这只是一种对异性，尤其是对优秀异性的一种朦胧的好感，在这一个年龄段的青春期男孩，常常表现出既成熟又幼稚，既清醒又迷糊，既狂热又消沉的矛盾心理，并开始把目光更多地集中在异性的身上，憧憬着梦幻般甜美的爱情生活。但是这时候的你对于什么是真正的爱情却知之甚少，对于优秀异性的所谓爱慕其实只是一种欣赏。

青春期的男孩渴望成为一名真正的男子汉，当他认识到自身的不足时，就会把注意力放在更为优秀的异性身上。而老师又常给予他们学习和生活上的关怀，这使得青春期的男孩常常欣赏自己的女老师，甚至幻想自己将来也要找像老师一样温柔完美的女性作为妻子。

这种想法只是男孩分不清爱慕与欣赏的区别，所以最明智的选择是及时控制自己的感情，将你对异性的欣赏转变为让自己更优秀的动力。等你长大之后，随着你眼界的开阔、知识的增长，你会渐渐走向成熟。

把握友情与恋情的尺度

在男女交往中要区分开什么是友情，什么是爱情。要把两者的界线明确化，而不能模糊不清，以免造成误会。

林雨自从和马莎莎相处熟悉之后，最近一段时间放学都是和她一起回家，难怪青峰说："林雨，你这个重色轻友的家伙，把我们都彻底抛弃了。"

一天，马莎莎跟林雨说："林雨，今天你能够晚点回家吗？我有好多题不会做，你能不能帮我讲讲。"那天放学后，林雨一直给她讲题目讲到了八点多钟。

从那以后，她经常会要求林雨晚一点回家，为她讲两道题目。时间一长，林雨觉得有点恼火了。

林雨心里比较不高兴：为什么自己要凭空为她付出这么多呢？

自己有很多的事情要做啊！那些题目她如果上课好好听讲的话一定是可以做出来的，为什么一定要在课下耽误我的时间呢？难道我的时间不宝贵吗？难道她因为是我的好朋友就可以随便耽误我的时间吗？

那天，她又要让林雨晚点回家，林雨想了一下，告诉她："今天妈妈要我早点回家。"

她听了一愣，然后说道："你家里的事情很重要吗？"

林雨听了这句话开始心里冒火了："难道只有你的事情重要吗？"说完之后，头也不回地走开了。

在回家的路上，林雨郁闷坏了：为了她，自己牺牲了很多自己的时间，却没有换来她的感谢，反而让她觉得自己为她做些事情是天经地义的。为什么我不为自己的利益多考虑考虑呢？

>> 给男孩的悄悄话 <<

在学校异性同学之间正常的交往、互助甚至建立一定的友情是无可非议的。但是友情与早恋是有区别的。友情是公开的、坦诚的，一般为多向性的有求必应。所谓公开的、坦诚的，就是说同学间的友情，在老师、家长或其他同学面前不仅从来不避讳，不躲躲闪闪、不偷偷摸摸，而且愿意让他人了解这种友情，有时还可以以这样的真挚友情而自豪。所谓多向性，就是说与某同学友情笃厚，还可以与另外的某同学或某几位同学也友情甚好；也允许或接纳那位同学与其他一位或几位同学都交上朋友，这样有求必应。

而初期的恋情是隐蔽的、自私的、单一的，一般表现为主动寻机相助。这种交往从开始时就不想让家长、老师或大多数同学了解，也不愿意他（她）再考虑与另外的异性同学建立更为亲密的友情，而总是绞尽脑汁地去创造条件、寻找机会尽力给对方以关照或帮助，以求得对方的好感。

　　正处于青春发育期的中学生，对异性的好感仍属于正常的心理现象。有了这种心理也并非就是洪水猛兽，并非十分可耻，关键是自己怎么调控、怎么把握。作为学生，应在学习进步的关键时期将主要精力放在学业上。

从单恋的幻影中走出来

　　青春期的男孩不要轻易说你爱谁。只有弄懂了爱的深层含义，你才有资格说出这个字。爱一个人，是要负责任的，问一问自己，已经做好准备了吗？

　　那次和妈妈一起去参加一个夏令营，有一个小姐姐吸引了安可的注意。她在那个夏令营里面做志愿服务生，看上去清秀漂亮，温文尔雅。

　　有一次，安可不经意闯入了这个夏令营的后房，看到她在那里准备中午的饭菜，当时吃了一惊："原来你的工作就是负责日常的伙食啊？"安可很难想象这样一个相貌秀气的女孩为什么愿意把自己放到这样低微的位置上。

她却笑了笑说:"我们是来这里参加学习,做什么工作不是为人民服务呢?立下心来让自己做最基本的工作,才会真正树立服务社会的精神。"安可听她这样一讲,觉得有道理,心里更加尊敬和佩服她了。

以后,安可总是会抽时间特意跑到那里去看她在做什么,如果是集合的话,他也会努力希望能够从人群中找到她。有时看到她不忙了,他还会找机会和她一起聊聊天。

"我也在这里当志愿者,好不好?"安可问她。"其实,只要你具有这样的精神,身在哪里都一样,真的。"她一脸真诚地对安可说。

从夏令营回来之后,安可经常会一个人默默地想念她,想起她清瘦的样子,想起她那张秀气的脸和在厨房里工作的辛苦,想起临走时她对自己的鼓励。

>> 给男孩的悄悄话 <<

男孩子小时候也许都梦想自己是一个英俊的王子,历尽千辛万苦,终于找到了自己心目中的公主,她美丽大方、温柔体贴,最喜欢的就是她那双会说话的大眼睛;女孩子小时候也许都梦想自己是一个美丽可爱的公主,等着白马王子来迎接自己,他英俊高大、机智幽默,你最喜欢的就是他深沉且略带忧郁的眼神。

男孩和女孩长大后,都会按照自己梦中的样子去寻找自己的公主和王子。当发现某个人的某种特质与自己梦中的理想对象相符时,就会对对方产生好感，也就是我们说的喜欢。可能你认为这就是爱，而实际上，这两者是有本质区别的。

喜欢是尊重对方，认为对方有其优点值得自己去尊重，且有好评，也认为对方的态度与自己相似。这就是喜欢的情感。而爱情则包含亲密的感情，关怀对方，和情绪上的依赖。由此可见，许多人的爱情感觉，其实只是有浓烈的喜欢感觉而已。不只是异性同学，甚至是学校老师，荧幕媒体的明星偶像，都是爱慕的对象，这只是个人产生好感，认为对方某些部分与自己相似而喜欢对方而已。但有些人却将这种喜欢当作爱情，认为对方与自己的关系和别人不同，因此有时候会产生认知的偏差，误以为我对你这么好，你怎么可以不理我，怎么可以和别人嘻嘻哈哈，不是认为自己已坠入爱河，就是自己在单恋，或者失恋。一见钟情也就是这种将对方的某些特质与自己梦中情人特质吻合配对的喜欢情感而已，只不过误以为是爱情。这是时下许多青少年的苦恼来源，因为这种感情欠缺相互亲密的成分。

也许现在我们还不成熟，考虑问题还不全面，随着日后知识的增长、视野的开阔、心智的成熟，很容易"见异思迁"。其实并不是你"变心"了，而是本来并没有去爱——爱一个人是要求感情专一的。

126

怎样和女孩子相处

为什么他比我受女同学欢迎

青春期的男孩们，你是班级中比较受欢迎的对象吗？尤其是受女生的欢迎。如果你不是，你知道怎么才能受女生的欢迎吗？让我们一起来探讨探讨吧。

史瑞宁是班里的班委，在学校人缘很好，很多人都很欣赏他。刘泽对此甚是纳闷，史瑞宁长得不怎么样，远没有自己帅气，可大家就是喜欢他。更气愤的是，刘泽喜欢的那个女生也是天天围着他转，对刘泽冷冷的。刘泽四处求问，别人告诉他说：男人的魅力不光是靠外貌。

其实刘泽也是被自己的嫉妒心蒙蔽了。史瑞宁之所以受欢迎，旁观者是一清二楚的。首先，史瑞宁是班干部，这决定了他基本能和班上的所有人有交流，甚至连其他班也会有很多人认识他，这个优势在学生时代是很重要的。

其次，史瑞宁有着一颗善良的心，一个同学这样说："和他相处，很开心！我是被他的人格魅力所吸引的。"而且他性格随和，活泼开朗，喜欢把自己骄傲的东西展示给别人，和朋友在一起的时候，他总是笑得很大声很开心，他很会玩，也很有个性。

再次，史瑞宁是个才子，很有智慧，喜欢写一些文采飞扬而略带感伤的文字；而且成绩很好，比较有思想。史瑞宁是这么说自己的，"有时疯疯癫癫，有时安安静静；有时热情如火，有时冷若冰霜；有时烦躁不安，有时漠不关心……其实我是一个蛮复杂的人！"

>> 给男孩的悄悄话 <<

其实，青春期的每个人都有自己的个性，只是史瑞宁的这种个性是如此的善良而又丰富，以至于得到大家的欢迎。史瑞宁的经历让我们知道，外貌固然重要，但是也不是那么重要。也许和一个认识不久的人相处会通过外貌去喜欢他，可是一旦时间久了，同学之间就不会通过外貌去衡量人了，会通过他的性格等方面去衡量。史瑞宁就是靠自己的性格取胜。

所以，每一个人要想成为异性交往中受欢迎的角色，最重要的就是，在与人交往的时候，学会顾及别人的感受，善于为别人着想。同时要把自己锻造成有内涵的自信的人，我们可以变得开朗一些，在学习生活中更加积极主动地与同学联系。如果整天都只是闷着头一个人读书，谁也不会去理你。友谊是交流出来的，或是言语上的互相鼓励，或是行动上的互相帮助，都很必要。当然最基本的一些事情还是要注意的，比如说男孩要尽量会一项集体性的体育运动，要学会幽默，有大胆的想法却能够很细心地做事情。

老师干涉我和女孩的友谊

青春期的男孩女孩，几乎无不面临着"早恋"的问题。这个"早恋"，尤其是父母、老师眼中的"早恋"，常常引起各种误会和曲解，也给男孩子们带来了不少的困扰。

小全是个开朗的男生，班级里无论男生还是女生，都喜欢和他一起玩儿。小全最近迷上了集邮，一到周末就跑去邮票市场，这天又是周末，他一大早就赶去邮票市场，在人头攒动的市场里，小全遇到了同班同学小丽。

原来小丽也是个集邮爱好者，两个人聊邮票，聊得很开心，从那天以后，两个人常相约去邮票市场。课间也相互交换邮票。渐渐地，同学们之间传起了他们的绯闻，但小全不在乎，他光明磊落。

可是有一天放学，班主任把小全叫进了办公室，"小全，听说你最近和小丽常在一起玩儿啊？"

小全知道老师的意思，他说："老师，我知道您什么意思，但我们就真的只是好朋友的关系而已。"

老师拍拍小全的肩膀，"老师没别的意思，就是提醒你，还是学习为重。"

后来小丽也被叫到了办公室，之后，小丽总是有意无意地躲着小全，小全知道，小丽是怕同学们的风言风语，也怕老师说她。

但自己和小丽真的只是好朋友关系，为什么老师就是不肯相信他们，还要从中阻挠，干涉他们之间的友谊呢？

难道男生和女生之间，就不能存在亲密无间的友谊吗？

>> 给男孩的悄悄话 <<

像故事中所说的那样，青春期的孩子们常常要发问：男女之间就不能存在亲密的友谊吗？

当然，如果同样的情况发生在其他的年龄段，也就不会存在这样那样的误解了。但是青春期的孩子们首先也应该理解父母、老师的心情。毕竟青春期是一个特殊的时期，男孩女孩们在荷尔蒙的作用下处于情感朦胧的时期，长辈的担心是不可避免的。况且他们大多因担忧孩子的认知不够，担心早恋影响学习生活而进行阻挠，不论如何，初衷都是为了孩子。

但问题在于如何把握一个"度"的问题。当这种长辈的担忧和疑虑变成一种过分敏感的怀疑时，就不可避免地会出现一些凭空出现的"早恋"，正常的男女孩友情被无情地阻止且永恒地产生隔阂。这时青春期男孩们就应该知道，在理解老师、家长的基础上，与他们进行说明和沟通也是必要的。当长辈们相信你是真正能够成熟地处理这个问题的时候，这样的事情也就不容易发生了。

得了"异性恐惧症"怎么办

随着青春期来临，男孩女孩们逐渐进入性发育成熟时期，这一时期的他们会对异性感到好奇，喜欢接近异性，但却表现出对异性的异常恐惧，害怕与异性接触。事实上这就是患上了"异性恐惧症"的表现。你有这样的表现吗？

"小明，把你的橡皮借我用一下。"同学涓涓向小明伸出手。

小明从铅笔盒里拿出橡皮，头也不抬地递给涓涓，涓涓用完后，对小明说："小明，你这块橡皮真好看，借我用几天吧？"

"嗯，你用吧。"小明还是头也不抬，他的脸红得像个大苹果。

小明从小就这样，和女孩子说几句话就会脸红。

走在回家的路上，涓涓从后面跑了过来，"小明，咱们一起回家吧？我家就住在你家附近。"

小明点点头，也不说话，涓涓一路上滔滔不绝地讲着笑话，小明一句话也不说。快到家的时候，涓涓生气地拦住小明，"小明，我是不是得罪你了，你怎么老是不搭理我，我们不是好同学吗？"

小明慌乱地摇头："没有，没有。"

涓涓生气地扭头就走，"你不爱和我玩，我还不和你玩呢，有什么了不起的，哼。"

小明很难过，他不是不爱和涓涓玩，只是他面对女孩子，总是不知道该怎么办才好。小明很苦恼。

>> 给男孩的悄悄话 <<

青春期男孩们容易对异性产生好奇心，常常刻意接近女孩。但是，有的男孩，由于害羞、紧张，会对异性交往产生恐惧心理而引起误会。像故事中的涓涓，就因为小明的态度，而误认为小明对她抱有偏见，不爱搭理她。实际上，小明却是很清楚的。他对于涓涓其实丝毫不反感，只是克服不了自己内心的障碍而不自觉地与她远离。当误会发生的时候，也鼓不起勇气来说明真实情况。

这样的案例其实很常见。几乎每个班里都有几个羞赧的不敢跟女孩说话的男孩，一有女孩靠近就会红起脸来。

这种青春期"异性恐惧症"的产生，可能是因为男孩子与同龄的女孩接触太少，容易觉得不知所措；也可能是因为父母的传统教育，让他们觉得男孩女孩的关系很神秘复杂，冲不开内心的枷锁；更有些是怕出糗、被嘲笑、被无视，因而当他们与女孩相处时，即使不是出于恶意，也总是刻意保持距离。

对于这种状况，其实男孩们只要自然对待就可以了。刚开始可能羞于面对，无法自我克服，但是随着年龄增长，与异性的接触是难免的，慢慢便会愈加坦然地对待它。只要不刻意放大"异性恐惧症"的症状，就必定能够在逐渐的成长中去克服它。

为什么要让着女孩子

男孩子往往在青春期开始出现叛逆心理，同时伴随过度的"自尊"。他们会在与女孩的交往中表现出"为什么非要让着她们"的不满情绪，认为父母、老师，都是向着女孩更多，而同样的年龄和身份，为什么要事事"迁就"呢？

"你是男孩子，要让着女孩子。"

"哎呀，你怎么能跟女孩子抢玩具呢？你是男孩子，理应让着女孩子。"

"别欺负女孩子，这怎么能是男孩子做的事情呢？"

军军从小到大，听得最多的就是这样的话，他很不服气，有时候，明明是女孩子欺负他，可是他还要被家长训斥。

军军向好朋友然然诉苦："然然，我昨天又被我老妈批评了，因为我把我表妹的橡皮弄坏了，我妈就说我不让着女孩子。可是，是因为我表妹先把我的铅笔弄折的啊，我妈真是不问清楚就乱责备人。"

然然也诉苦："我还不是一样，我从来不欺负女孩子，都是女孩子欺负我，可是大人们总是不体谅我。"

两个孩子互相诉苦，他们想不通，为什么有时候明明是女孩子的问题，大人也会让男孩子让着她们。

军军回到家，刚走进院子里，表妹就冲出来，把他撞倒在地，军军从地上爬起来，一把揪住表妹的头发："快向我道歉。"

"我不。"表妹大喊大叫。

这时，军军妈妈从屋里出来："军军，你就不能让让你妹妹吗，她可是女孩子。"又来了，军军沮丧极了，为什么家长总是这样。

>> 给男孩的悄悄话 <<

青春期的男孩已经有分辨是非的能力了。在街头来来往往的人流中，我们一定能够很容易地分别，哪些人是有气度的人、哪些人则庸庸碌碌，所作所为处处体现出斤斤计较的小人作风。

从性格方面来说，女性理性控制能力远不如男性，常爱感性冲动，易于急躁，或者因心理、生理在某个时段、某个环境的缘故，尤为突出，而且女性的冲动，往往很突然，不易于控制，这时男性有必要让着女性。

另外，女性的温柔的一面，显得娇小，没有男性的强壮。人类本有恻隐之心，对弱者的同情，固然有让着女性的必要。还有就是男人的面子问题，男人比女人更爱面子，觉得与女人争执，有伤自己男子汉气概。

所以，男生让着女生，并不是说明男生做错了事，而是一种约定俗成的观念和人类文明对男生的一种隐性要求，体现的是一个成熟男性的内涵和品德。要想成为一名真正的绅士，希望你能够心胸宽广，懂得保护弱小，懂得照顾他人的情绪，试着去让着点身边的女孩子吧，你会因此成为一个受欢迎的男孩的。

| 早恋的滋味

炫耀异性的爱慕，会伤害他人

爱慕，尤其别人对你的暗恋，应该放在心里，让它自然酝酿、生长，没必要拿出来炫耀。这种炫耀会伤害到对方，也有可能伤害到你自己。

学校的心理咨询室外面有个小小的信箱，有一天心理老师收到了这样的一封求助信件：

在学校那个小天地里，我们所有的方面都会拿到竞争的天平上比个你输我赢才肯罢休。男孩子们的虚荣在各个方面都会不断膨胀，我们会在学习成绩上一较高下，也会在运动场上玩命奔跑，只为成为那个最受瞩目的人。

与女生交往，男生会觉得很有面子。而被女生追，对虚荣的男生们而言是一件特别荣耀的事情。我就是这么一个虚荣的家伙。

我不知道爱情是什么，我也没有真的喜欢过哪个女生。我不能体会那种喜欢一个人的心情。但是班上有个文静的女生，有天突然找到我，说有话跟我说，我被她拉到操场。绕着操场转了一圈又一圈，她都不说话，好久之后，她才吞吞吐吐地告诉我，她喜欢我。她说运动的时候看见我受伤了还坚持，觉得我很坚强，后来就一直关注我。

我忘记了怎样结束了那次谈话，后来她经常用精美的信纸给我写信。信的内容大部分都是柔软的文字，还有来自一个女孩子的关心之类的。我并没有特别的感觉，只是被一个女生这么关注，感觉自然良好。

一次课间，我跟几个哥们吹嘘我如何受欢迎的时候，就说了这个女孩追我的事情，并且添油加醋地说她死缠着我不放。同伴们投来羡慕的目光的时候，她正好经过附近，我抬起头的时候，看到了她泛红的眼睛。

我后悔自己的吹嘘，可是大家都知道了她追我的事情。她再也没理我，在班里也更沉默了，听说班主任还找她谈话了。学期结束后，她就转学走了。我连道歉的机会都没有。

>> 给男孩的悄悄话 <<

这位男孩的来信道出了他的苦恼。面对别人的喜欢，我们该怎么做呢？

拥有异性的爱慕，是可喜的事，因为这代表你有着某种吸引力，你会因为自己拥有这种魅力变得更加自信。根据一般人的心理，遇到让自己觉得骄傲兴奋的事情就喜欢与人分享，但是感情这种东西是不能分享的——对于爱慕你的人而言，这就是一种伤害。

设身处地地为喜爱你的人想一想：我爱慕你，投入了纯真的情感，这种情感却被你当作炫耀的筹码。试问这对爱慕你的人而言，是不是一种莫大的伤害？炫耀异性的爱慕，是自己不自信或不成熟的标志。把异性的爱慕变成提升自己身份的一个筹码，而不是真心地去对待这份感情，何尝不是一种残忍？

所以，青春期的男孩子一定要注意，不论是在什么情况下都不能炫耀异性对你的爱慕。请把这份美好的感情深埋在心底，你会保护一颗敏感而温柔的心，从某种程度上讲，也是保护了你自己。

在被拒绝中长大

爱情是美好的，如带刺的玫瑰，为了接近它，我们伤痕累累也在所不惜。可是你确信自己真的足够"强壮"，足以抵挡爱情给你带来的一切不幸吗？特别是你的爱被对方拒绝的时候，你是否会从此萎靡不振呢？

付凌霄最近心情极度差，每天精神萎靡的样子，看起来就像是经受了重大打击的小老头，一点精神劲头都没有。最近学校也没有举行什么大的活动，也没有考试，他按说没理由遭受这么大的挫折啊！

好友李翔发现了他的异常之处，一天放学的时候，李翔开门见山地问凌霄："咋啦？最近好像是闷闷不乐？"

凌霄支支吾吾半天，也说不出啥原因。

李翔着急了："到底咋回事呀，你看你这郁郁寡欢的，有啥事把你愁成这样？"

凌霄看着搪塞不过去了，只好老实交代："我被拒绝了！"

"啥？怎么被拒绝了，你向哪个女生表白来着？"

凌霄不好意思地点头："是呀，我从来了3班之后，就发现那个叫白合的女生还蛮特别的，我就经常看她，发现她真漂亮，学习也好，人也安静，不像有些女生那么八婆！"说起了白合，凌霄眉飞色舞，精神气十足。

"那你们现在怎么样了？"

"她倒是没事，见了面跟没事人儿似的，还照样跟我打招呼。但是我觉得特难为情，都不好意思再跟她说话了。"

"人家都没事，你干吗跟自己过不去呀？"李翔实在不想看着哥们儿无精打采的样子，看着就难受。

"是，她是没事，但是我都向她表白了，而且被拒绝了。你说我见了她，心理能好受么？"凌霄喃喃地说。

怎么才能帮朋友走出这个小阴影呢，李翔一时也没有什么好的办法。

>> 给男孩的悄悄话 <<

你被拒绝，说明你已经勇敢地去向对方表达你的想法，你已经在按照自己内心的渴望去生活了，你已经尝试了。为什么还要责备一个勇敢的自己呢？

不可能所有的人都喜欢你。这个世界上，如果真的是能够碰到一个你喜欢的人，而她也喜欢你，那当然是万幸。但是当别人不喜欢你的时候，你不能因此而对自己失去信心。你需要的是时间，世上真爱你的那个人一定会出现，只要在人生的道路上继续前行，终有一天会与其见面。

当然，无论怎样讲，当爱被拒绝的时候，那种失落感是没法避免的。我们需要一个很好的方式来发泄自己的郁闷。比如和最好的朋友聊聊，如果你的父母足够开明，也可以向他们述说。运动也是一个不错的发泄方式，可以去跑跑步、踢踢球。总之发泄一下，比自己一个人闷着头郁闷要好得多。

如何结束一段感情

青春期应该说是人生最美好的一段时光，但是由于年龄和阅历的关系，在这个阶段的感情是朦胧多变的。因此，男孩子们要坚信：美丽是需要等待的。

杨崇山终于下定决心要和女友赵文文"一刀两断"了——不过在下这个决定之前的过程是多么的痛苦，只有杨崇山一个人知道。

杨崇山想，让两个人都来真诚地面对这一切吧。杨崇山把自己的想法，原原本本地讲给赵文文听，相信她是会理解的。此时最好的方法也只有快刀斩乱麻了，长痛不如短痛，就这样吧。

晚上，杨崇山没有一丝睡意，给赵文文写了一封很真诚的信：

赵文文：我很高兴和你一起度过一段快乐难忘的时光，它将成为我一生中最美丽的经历，我会把它珍藏到永久。只是，我们现在还都是学生，老师寄予我们希望，父母也对我们抱有厚望，我不想辜负他们。和你在一起的日子很快乐，但是我却迷失了自己，我很想重新回到以前，专心学习，实现我的理想。赵文文，我只是想说，你是一个很好的女孩，我想和你分开并不是你的原因，只是我很难将自己的精力集中，所以请你不要误会。同时也希望你也能好好学习，努力向上，争取好的成绩吧。

放下笔，杨崇山长长地舒了一口气。每个人的一生，都有自己要做的事，自己并不是为了一个赵文文而活，而是要为自己的将来而努力，应该是这样吧。

杨崇山很想好好祝贺一下自己，终于知道什么对自己才是最重要的。

>> 给男孩的悄悄话 <<

青春期男孩在面对异性时，在面对此种青涩的情怀或是情窦初开的现象，更应该冷静地思考：我真的喜欢她吗？她是我的最爱吗？我了解对方吗？对方了解我吗？她有什么优缺点？我能容忍她的任何缺点吗？我能在学业与交异性朋友之间作妥善的安排吗？

交异性朋友牵涉到"做决定"与"负责任"的问题，什么时候做决定较恰当？什么时候做决定较完美？什么时候交异性朋友较理想，等等，都是必须深入去考虑的问题，在身心尚未发展成熟时就交异性朋友不但对自己的成长没有帮助，相对地会影响并阻碍其他方面的发展。

更重要的是，此时的我们通常无法为自己做的决定负责，必须由父母或他人来承担后果，一时的激情必须以终生的幸福作为赌注。因此，喜欢一个人要等他长大，也要等自己长大，长大以后再说爱。

很多男孩会常把一句话挂在嘴边"只要我喜欢有什么不可以"，我是我自己，父母说左我就要说右！父母说黑我就要说白！父母说我错，我就要错！在此种情怀与逻辑推理中，只要男女相爱，永结同心，海誓山盟，在一起有何不可？殊不知，年轻的心是飞扬的心，同时也是脆弱的心，容易受到伤害，而影响一生的发展。

当你做任何事、做任何决定时除了考虑自己也要顾虑他人，如此做对自己、对亲人、对他人有无影响？行为的后果如果损己利人或是对大家都有损害等都应该慎重考虑。而此时，我们更要弄清楚：我真的爱她吗？难道不是一时冲动吗？我现在还小，以后会不会出现什么变化？

早晚有一天，你会长大，你会发展，你会走出现在小小的生活圈子，你会遇见更多的人，也许那个最适合你的人仍在远方，需要你长大以后才能与她相识、相恋。

|性与生命的故事

生命的孕育真奇特

所有男孩恐怕都问过这样一个问题：我的生命来自哪里？但是他们对得到的答案却并不满意。那么，希望你从这里能获得你想要的答案。

"今天生理课真的是别开生面呀！生命的孕育真是件奇妙的事情。

今天的生理课，老师首先问我们，小时候爸爸妈妈是怎么告诉我们自己是从哪来的？好多同学都被告知是从外面捡来的，有的也会被告诉说是从妈妈的肚子里来的，有的甚至会从爸爸妈妈那里知道，自己是一个大鸟送来的。答案千奇百怪。生理老师卖完关子之后，就说，今天我们的课程就是让大家了解大家到底是怎么来的。

老师用视频短片和幻灯片向我们详细地展示了精子和卵子相遇的过程。接下来老师又讲了受精卵不断成熟的过程，重点讲述了妈妈十月怀胎的不同感受和变化。为了让我们更加直观地了解这个过程的艰辛之处，老师甚至准备了沙袋，让同学们绑在肚子上，体验孕妇的生活。

不管男生女生都要去体验。开始还有男生跟老师抗议，我们男孩子也不用生孩子，就不用体验这种生活了，让女生好好学吧。老师严肃地跟他说：'即使男孩子不生孩子，也要去体验母亲的感受。你在妈妈肚子里的时候，你的妈妈也是这样一天天走过来的。她也和女孩的妈妈们一样负重，并且时刻担心着你的安危和健康。所以今天的活动所有的人都要参加。

男生们都不再叽叽喳喳了，大家开始认真地绑沙袋，体验孕妇的生活了。

我也戴着沙袋走来走去，真的好累呀，绑了一会就很辛苦，而妈妈怀我的时候，竟然要日夜都负担着我的重量。我以后一定要好好对老妈。原来从我还没出生，还未来到这个世界的时候，老妈就开始为我辛劳了……"

诺伊的日记里还记录了许多关于观看人的孕育过程的片段和感受。他今天的收获很多很多。

>> 给男孩的悄悄话 <<

当一个婴儿用响亮的啼哭来向迎接他的众多人打招呼的时候，你知道吗，他其实已经走过了大约十个月的并不短暂的旅行，而这个旅程，其实也很奇妙，因为它道出了属于生命所独有的传奇。

143

妈妈怀胎十月后体内的小人就会从母体内出来，来认识外边这个全新的世界。这也就是母亲的分娩。分娩对每一个母亲来说都是一个极为痛苦的过程，当然这痛苦中也包含着无边的喜悦，因为新生命降临也宣告了一个女人到母亲的完美转型。

生命的孕育过程真的很神奇。在不足一年的时间里，从受精卵到胚胎到胎儿，这一过程复现了生物进化的全过程，也预示了生命的繁衍和生生不息。

不看"口袋书"

所谓"口袋书"，就是一种非法的黄色出版物。因此类图书只有巴掌大小，携带方便，不易被家长和老师发现，学生形象地称之为"口袋书"。

小刚的妈妈发现近几个月来，小刚的学习成绩一落千丈。但每天都看到儿子在书房认真地看书，并没有出去玩，妈妈越来越困惑。

一个偶然的机会，妈妈找到了原因。一天，在上班的妈妈接到小刚班主任的电话，要求赶快到学校来一趟。赶到学校，老师将从小刚书包里找到的书摆在了妈妈面前，妈妈的脸立刻红了。这些书的封面和扉页中画满了男女赤身裸体的图片，旁边配的文字更是具有挑逗性。还有的非法情色杂志中竟教男子如何讨得女子欢心，内容极其下流，文字描写极其露骨。成年人看到也会面红耳赤，可这样的书刊却藏在儿子的书包里，而且班级里传看这些书的不只一两个人。

回到家，妈妈查看了小刚的书桌，发现抽屉里藏着数本非法色情书刊、杂志，这些黄色书刊上面，盖着小刚的课本。妈妈明白了，原来小刚在"挂羊头，卖狗肉"，每天拿着课本做掩护，实际上是在看色情书，难怪他的成绩下降得这么快。

>> 给男孩的悄悄话 <<

在青少年中间传看的非法黄色书刊内容粗制滥造、下流无比，对青少年的思想有很强的腐蚀作用。

非法色情书刊的危害是很大的，它腐蚀人的心灵，导致人们追求低级的感官刺激，诱发犯罪，扰乱社会秩序，败坏社会风气，严重影响国家和民族的兴旺发达。警方在打击黄色流毒，取缔非法出版物时，甚至发现有些青少年过早地涉足娱乐场所。

性并不是一个禁忌话题。这本身就是人的一项正常的生理现象，处于青春期情感萌动的少男少女对性感到朦胧好奇也是正常现象，但是要了解性，还是得通过正确的、健康的途径。

现在课堂上通常不能将性知识较为全面地传授给青春期男孩们，这就需要男孩自己去学习。可供选择的方式有许多：可以向父母等长辈咨询，可以查找生理知识读本，可以查找网络资料。

那么，男孩在选择图书和网站时就要学会鉴别，哪些是可读、可看的？哪些是完全不能看的？在自己的心里应该有一个平衡杆。如果平衡杆倾斜了，就说明书或网站中的不安全因素超标了，自己就要避开它，去寻找那些内容安全、可靠的资料。

性不是罪恶的事情

处于青春期的青少年，尤其是男孩子们，由于生理上的发育成熟、性冲动的不断增强和心理上的不成熟，往往让他们对"性"感到迷惑、恐惧、焦虑，甚至有罪恶感。

林泽最近总是精神萎靡的样子，每天上课的时候也打不起精神来，下课也很少和同学们一起玩。他一直待在自己的座位上，不言不语，好像遇到了什么烦心事。班主任王老师发现了他最近的变化，主动去叫他来谈心。

林泽依然不说话，坐在王老师对面的椅子上，佝偻着背，就像是一只大虾。见谈话没有什么效果，王老师以为林泽身体不舒服，就打电话询问了林泽的妈妈。这一问才发现，原来真的有问题了。林泽的妈妈反映，她在给儿子收拾房间的时候，发现床单上有斑斑的污渍。林妈妈说得很隐晦，但是王老师还是明白了，那些污渍应该就是精液。男孩到了发育的阶段，自然会出现这样那样的生理现象。王老师先安慰了林妈妈一番，让她放心，不要过度担心，这些都是正常的。

和林妈妈通完电话之后，王老师大概明白了林泽的问题。他又把林泽找来。这次不在办公室，他请林泽去学校附近的茶馆了。这茶馆的私密环境要好很多，这样林泽可能不会那么难为情。在悠扬的音乐里，林泽跟王老师说出了自己的苦恼，最近，他看见漂亮的女生之后，身体就会有生理反应。他越是想控制，就越是没法控制，这让他很苦恼。他都不愿意参加学校的活动了，因为失常的状态让他觉得很丢人。对女生的那些冲动让他觉得自己就是色狼，特别龌龊。

这样的想法让他觉得自己在同学面前没法抬起头，而晚上有时候梦见了一些很禁忌的场面，之后就会发现被子都被弄脏了。他觉得想这些事情很有罪恶感，但又不知道怎么摆脱，非常苦恼。

>> 给男孩的悄悄话 <<

青春期是一个人身体变化巨大的阶段，在此期间，性器官的发育是最重大的变化。青春期的男孩，在对异性有着朦胧的渴望时，自己在大脑里构思与自己喜欢的异性在一起的种种场面是很常见的事。当然很多男孩都会把这种念头埋在自己的心中，只有一部分人才会告诉别人，其中，男孩或许会多些。这些常见的性幻想、手淫、性梦通常被称为"性自慰"。

一些青少年对性发育好奇，或盲目追求而沉湎于性烦恼。由于自控能力差，如果受到某些外界因素的刺激，青少年就会发生一些鲁莽、反常和越轨的行为。

步入青春期的男孩一定要抵制诱惑，避免各种不良刺激。男孩子还需要知道，性和爱情一样，是需要等待的，因为它们都有属于自己的特定绽放时期。过早涉足其中，往往会给自己带来无可挽回的后果。

因此，步入青春期的男孩们，请慎重对待性，慎重对待自己的身体和未来。

爱了，就要担当责任

爱情是神圣纯洁和永恒的，而责任是在一定条件下必须履行的义务，是不可推辞和忌言的。青春期的男孩女孩不要为爱情昏迷了头脑，忘却了责任。

胡岩现在陷入深深的苦恼之中，他开始后悔自己当初的行为，他也不知道未来怎么办。现在一切都如一团乱麻，他不知道头绪在哪里。这沉重的负担让他喘不上气来。女朋友左叶在他身边低声的哭泣，还在小声地询问胡岩，现在该怎么办。

一对高中生，陷入了一场麻烦之中。他们是早熟的孩子，高一的时候就开始谈恋爱，很快两人就偷尝禁果。但是事情并不像他们道听途说来的那么妙不可言，除了生涩的疼痛之外，两人再没有任何快乐可言。

年轻无知的他们也不懂得采取安全措施，两个人偷尝禁果的两个月后，左叶忧心忡忡地告诉胡岩自己怀孕了。这对一对尚在高中的恋人来说，无疑是晴天霹雳。他们一下子陷入了慌乱中，到底该怎么办？

两人达成一致，不能告诉父母这件事情。这件事情如果让爸妈知道了，非打断他们的腿，但是肚子里的孩子还在一天天长大，左叶的情绪也越来越差，她只是跟家人说自己是学习压力大才这样的，但是跟胡岩在一起的时候，她就会拼命问胡岩，到底该怎么办，到底该怎么办？都是你的错！女孩的抱怨，让胡岩的心搅成一团，太后悔当初的冲动了，如今这个恶果他自己一个人怎么承担？左叶后来就开始不断地提醒胡岩，一定要对她负责任，所有的事情都是胡岩应该负责，都是胡岩害了她。

来自事件本身的压力，来自女友的不断施压，胡岩终于忍受不了这么大的心理压力了。他跟爸妈摊牌。事到如此，爸妈没有过多训斥他，直接找到了那个女孩，协商问题的解决方案。最终，两家大人达成了协议。左叶父母带着女儿去了很远的城市做流产，而胡岩却陷入了深深的抑郁。

他不能原谅自己不能负责，而他也无力承担全部的责任。一直处于巨大压力状态下的胡岩只好靠着抗抑郁药物来维持自己的正常生活。

犯了错，真的是男孩一个人的错吗？爱情的责任该如何承担呢？

>> 给男孩的悄悄话 <<

爱情非常美好，但是不堪一击，因为人们总是喜欢把爱情建立在虚无缥缈的幻想世界里。青春期的少男少女渴望美好的爱情，只认识到爱情带给人快乐和心理愉悦的一面，却认识不到爱情的责任是多么大的重担。青春期孩子出于种种原因不愿意与家长交流，而家长也出于不好意思不便与孩子交流，导致一些偷尝禁果的"小情侣"可能会面临身体的损伤甚至意外怀孕的问题。所以，对于青春期的孩子来说，一定要了解相关的生理卫生知识，做好生理防范。如果发生了身体损伤或者意外怀孕及时告诉家长，尽快地处理问题，以免造成终身的伤害和遗憾。

爱情是需要现实考验的，此时的少男少女或许沉迷在爱情的美好里不能自拔，但在漫长的平淡无奇的生活里，他们的爱情担负不起生活的责任，美好褪去，才意识到过早地恋爱不仅没有收获真正的爱情还耽误了自己的学业，彼时后悔却又来不及了。因此，及早认识到爱情的责任感十分重要。

当爱情与责任融为一体的时候，就赋予两者特定的含义。爱情就不仅仅是取悦对方，而是包容对方一切优缺点；责任就不仅仅是暂时的允诺，而是呵护对方一生的幸福。当爱情脱离责任的轨道时，它就是一列货车，伤人伤己；当责任飞离爱情的恒星时，它就是一颗流星，瞬间逝去。只有爱情和责任真正统一于男女之间的时候，爱情与责任才是完美和负责的。但在婚前婚后有所侧重，婚前谈的是感情，婚后担的是责任。只有融贯双方的责任，才是真正的爱情。

第四章　学校 & 学习——你在为自己读书

学习不是痛苦的事

读书在妨碍我们找到快乐吗

想想看，通常有哪些事会让我们感觉到快乐呢，是踢一个下午的足球吗？还是参加一次演出、看一场精彩的电影？当然了，这些都是愉快的消遣，能让我们彻底地放松。可读书却是那样的循规蹈矩，上课铃声、下课铃声一点也不能通融；作业、考试样样都得认真。于是有人就觉得学习在妨碍我们找到快乐，真是这样吗？

"柯南翻开那本古老的书，顺着第一个故事从头看下去，突然，他感觉到心里有个人在对自己说话，那是来自一千年前的工藤新一……"

中午，姥姥家。刘强紧张地盯着电视屏幕里的卡通画面，他咬着嘴唇、双目圆睁的表情像被施了魔法似的凝固在脸上。姥姥用手指在他的头上狠狠弹了几下，让他看墙上的挂钟。

这一看，刘强的眉毛立时皱成了一个小老头儿，他像个小老头儿一样不紧不慢地穿鞋，然后打开家门一阵风似的朝学校飞奔，心却没有跟来，仍坐在电视机前继续回味。

下午的课，刘强没法专心起来。上学常常让他错过许多满心盼望的事，比如一集扣人心弦的《名侦探柯南》。如果不用上学该多好啊，就可以哪儿也不去慢悠悠地把它看完。

>> 给男孩的悄悄话 <<

想必每一个学生都像刘强那样想过，读书学习让我们错过很多精彩的电视剧、球赛、聚会等。但读书真的在妨碍我们找到快乐吗？

让我们设想一下，现在就甩开书包的束缚，去拥抱书本之外的快乐。如果一个苹果从树上掉下来，不是飞到天上去，而是砸到了你的头上，请不要问为什么；某地发生地震前几个小时，几千公里之外的地方就已经预测出了震级，请不要问为什么……

这样你会快乐？或许读书是占去了自由嬉戏的快乐，可它也给予了我们求知欲和成就感得以满足的快乐。

爱学习才能学习好

学习究竟是什么呢？学习是按照一定的学习目标，有系统、有组织地掌握知识、技能和发展能力的活动。可是大家都知道只有积极主动地去做一件事才有可能做到很好，其实学习也是这样。

林宏是三中有名的人物，学生会主席，班长，学习成绩第一名。不仅如此，他还参加奥数比赛，屡战屡胜。让同学们疑惑的是，他总是有那么旺盛的精力，不论组织活动多辛苦，或是做题到深夜，第二天他还是照样在课堂上举手回答问题，还是能按时完成作业。这种现象其实就连老师们都觉得极少见，一个孩子竟然可以有如此的活力和激情。

期中考后学校广播台找到又得到第一名的林宏，让他与同学们聊聊他的学习心得和方法，好让同学们效仿学习。林宏说："其实，我的学习心得非常简单，就是每天早上起床大喊三声，'我爱学习'，然后精神抖擞地去学校。"

林宏告诉大家，心理暗示是一种非常好的方法。当你每天对自己说，你爱学习的时候，你就在潜意识里鞭策自己学习了。大声喊出来，让自己听到，慢慢地，不管以前厌恶学习还是懒得学习，都会不知不觉形成"爱学习"的心态。

由此可见，热爱的动力是无穷的，当你专心于一件无比热爱的事情时，你哪里知道时间是怎么过的，疲倦是什么感觉呢？

>> 给男孩的悄悄话 <<

只有愉快的学习才会事半功倍。因为学习是一种内心的自觉活动，不良情绪会阻碍我们的认知记忆水平，会降低理解和分析能力。

科学研究表明，人的脑子在喜、怒、哀、乐、爱、恨、惧等情绪极度兴奋时，所发生的一切，均会自然而然地牢记不忘。

例如给幼儿尝一次黄连，那苦味永生不忘；再如，一个特别美或丑的人，一瞥之下，也会令我们终生难忘。因为这种刺激会引起强烈的情绪反应。情绪不仅与记忆有关，与理解能力也有很大的关系。假如你喜欢跳舞，你就会对音乐及舞蹈动作具有超乎寻常的领悟能力。这与由兴趣爱好所激发的有关神经高度兴奋有关。研究证明，愉快积极的情绪，对学习效果具有神奇的作用。

学习不一定要承受压力

每天在书海里遨游的你想过没有，学习中的压力从哪里来的？怎样才能有效减轻繁重的学习压力？在学习上，我们往往背负了过多的压力，要知道，有些压力只会空耗能量。你有没有想过，其实学习不一定要承受压力的。

胡老师最近发现陈鑫的状态不太对劲，像是有烦心事，脾气挺暴躁，与同学常常发生口角。这对于之前一直是"开心果"角色的他来说实在是个奇怪的现象。又过了一段时间，胡老师甚至发现，他上课完全集中不了注意力了，满脸焦虑，作业也做得十分马虎。胡老师断定，这是心理困扰产生的现象。他把陈鑫叫来，"怎么？学习上不顺利？"陈鑫摇摇头，一副欲言又止的样子。

"有什么事情一定要告诉老师，如果不说出来，谁也帮不了你，很明显你现在已经不能自己解决了，是吧？"

在胡老师的开导追问之下，陈鑫终于说出了一直憋在心里的想法。由于学习成绩一直没有进步，甚至总是出现不必要的偏差失误，久而久之，陈鑫越想考好，越考不好，压力就愈大。上课的时候，做作业的时候，都觉得很丧气、很茫然，逐渐就导致学习效率大大下降。

胡老师对他笑笑说："任何的心理压力都是可以缓解的，更何况你的学习进步小，不是你学得很糟，只是你太马虎了而已。放轻松一点，把状态调整好才是最重要的。有压力未必是坏事，但压力太大就会误事了。面对压力，要懂得释放压力。"

当天放学后，陈鑫到操场上，大汗淋漓地跑了五圈，顿时觉得浑身轻松。

>> 给男孩的悄悄话 <<

其实，作为一个经常面临考试的学生，没有压力反而不正常了。压力好像一架引擎，推动学习的机器向前行。现实生活中的任何人，不论其年龄、性别、职业怎样，也不管其社会、经济、文化状况如何不同，都会不同程度地体验到各种压力，精神、心理压力则是人们生活中不可回避的一部分。

但是，压力就是一把双刃剑，如果一个人没有一丁点儿压力，那么他的生活就可能变得空空荡荡，人也变得闲适懒散且缺乏上进心；但如果压力太大，则会使人精神过于紧张、心理负担过重，并由此产生注意力分散、记忆力减弱、判断力下降、紧张性头痛、失眠、恶心等症状，时间长了，还会造成神经衰弱、抑郁症和恐惧症等精神疾患。两样都不妙，也是你所不愿意的。

若是你有吃不好、睡不着、神经高度紧张的状况，那就说明你承受的压力已经偏重。这时如果你不能很好地及时调整自己，就可能会被压力搞垮。只有那些有益的压力，才能促使我们奋力前进。

很多压力其实是自己不知不觉中酿成的，父母老师给我们压力的本意是好的，而我们却不能好好疏通。读书不仅能帮助一个人开拓前程，而且能帮助一个人成就事业。日积月累的读书生活，是明天事业成功的关键。读书的真正目的，实质是为给自己创造一个美好的未来、实现自己的人生梦想，因此，每个人都是在为自己读书。

课外活动：把学习当作游戏

我们的身边"书呆子"随处可见，他们是利用了每一分每一秒的时间学习，但学习效果却并不明显。相反，那些在课外活动中意兴盎然的男孩却能轻松取得好成绩。你知道这是为什么吗？

亦星是 7 班有名的尖子生，回回考试都在前三名，几乎没见他有太大的失误。这样的优异成绩当然是努力的结果。为了保证学习的严谨和踏实，亦星坚持每天课前预习，课上专心，课下复习，他时刻在做题，几乎没有任何的课余活动。

7班另外一名尖子生是陈晨。不同于亦星的学习，陈晨显得轻松许多，虽然成绩不如亦星稳定，但也与他不相上下。平时，陈晨一样严谨完成预习复习，一样完成功课，但课下，他给自己很多的空闲时间用于课外活动，比如科技实践小组、文学社等。

学校一年一度的奥数比赛又到了。亦星为了准备比赛，开始了更加紧张的学习，每日将自己埋在题海里。而陈晨呢，每日照样参加学习小组、体育活动，丝毫没有紧张的迹象。

结果出来了，陈晨的成绩比亦星整整高出十分，拿到奥数比赛的第一名。

所有人都诧异了。在大家的眼中，到处跑的陈晨总是好像玩着就能取得优异成绩，而亦星那么努力却总是在关键时刻输给陈晨，亦星自己也十分困惑。他对陈晨没有敌意，虽然是竞争对手，但一直很钦佩陈晨广泛的人际关系和随和的性格，因为成绩的原因，常想陈晨是不是特别聪明？

>> 给男孩的悄悄话 <<

课外活动是培养全面人才不可缺少的途径，是课堂教学的必要补充，是丰富学生精神生活的重要组成部分。

实践证明，课外活动是知识的第二课堂，在这里，知识有了一个新的展现的场所，平时课堂上所学的知识完全可以通过课外活动来得到巩固与加强，也落实理论联系实际的原则；另外，积极地参加课外活动有利于一个人兴趣爱好的培养及个性特长的发展；有利于独立思考和动手实践能力的培养，有利于推动科技活动的广泛开展，增强科技意识，发现和培养科学幼苗。所以，我们应该养成积极参加课外活动的习惯。

当然，为使课外活动取得更好的成效，我们要根据各自的实际情况，制定好参加课外活动的计划，选好参加课外活动的项目，科学安排好学习与课外活动的时间，遵守课外活动的规则与纪律，处理好课内与课外、普及与提高的关系。

选择课外活动要根据自己的兴趣爱好，比如喜欢科学知识可以参加科技方面的课外活动，喜欢体育或音乐可以参加文体方面的课外活动，喜欢大自然可以参加社会方面的课外活动。

怎样提升学习效率

课上紧张，课下才能轻松

如果在课堂上实行"打假"活动，一定会有很多收获。只要你留心仔细观察，你会发现每节课都会出现一些"身在课堂心在旁"的同学。其实，上课不认真听，课下可能花十倍的努力才能补回来。

卢培一下课就冲到许建的课桌前着急地喊："许建，许建！快把你上课笔记借我抄抄！我上课又走神了！"卢培一边急急忙忙地抄着笔记一边沮丧无比地自言自语："许建！你看怎么办才好啊？我怎么这么多内容没听到啊？这抄了也没用啊，你还是给我讲讲好不？"说到这儿，他停下笔，抬起头，露出一副十分可怜的样子。

"卢培，你怎么回事啊？最近上课怎么总是走神啊？你这样下去可怎么办？"许建一边替卢培暗暗焦急，一边责怪他上课不用心。

"我也不知道怎么回事，听着听着，老师的声音就像催眠曲一样，和我的耳朵就共鸣了，然后我就不知不觉走神了。"卢培无不委屈地说道。

"其实我有时候也走神，但像你这样一走神就连笔记都抄漏了的情况还是很少的。抄完了没？抄完了我们快看看吧。待会儿又要上别的课了！"许建说道。

"好好好！快讲快讲……"卢培的表情终于雨过天晴了。

>> 给男孩的悄悄话 <<

事实证明，课上开小差，或不懂得如何运用课堂时间学习的人，即使课下付出再多，成绩仍然比不上那些课堂上认真听讲的人。

因为，课堂是知识最集中的场所，每一节课都是经过老师精心准备的，都是精华。如果课堂上你不认真听讲，那就意味着你错过了知识的最精华部分。而课堂也是一个解决问题的场所，在课堂上不通过提问解决，那么问题很可能就一直搁置，最后也得不到解决。

我们都知道课堂学习占据着我们大部分的学习时间，这就更加要求每一个人都要善于抓住课堂上的每分每秒，专心听讲，这样才能确保高效学习，只有笨拙的人才会舍弃课堂，而费尽心力把时间花在课堂之外。

所以要想取得好成绩，充分利用课堂时间就显得十分重要了，那么该如何做呢？不妨从以下几个方面着手：

课前准备。课前准备一定要做好，比如课前预习和文具的准备等，课前预习，能够保证对知识脉络的掌握，这样就可以轻松地跟着老师的思维走，另外，预习中产生的疑问会迫使你更加专心听讲，最终使问题得到解决。

要善于观察并发现问题。这样有助于集中注意力，大胆提问，增加课堂上的互动，促使自己加深对知识的理解和掌握，其实这也是提高听课效率的一种有效途径；认真做课堂上老师布置的习题，以检测自己对知识的掌握程度；善于记课堂笔记。不能因为要记笔记，就错过了老师的讲解，这样得不偿失，记笔记要记书本上没有的，可以趁老师板书的时候记，听始终是关键！

抓住上课的每一分钟，你将会成为一个高效率的学习者。

与同学交流学习经验

《礼记·学记》里有这样一句话"独学而无友，则孤陋而寡闻"。意思就是说，自己一个人学习而没有与同学朋友交流讨论，就会孤陋寡闻。因此，与同学交流学习经验是学习过程中必不可少的重要环节。

常老师是一位有着丰富管理经验的班主任。新学期开始了，他被任命为高一（3）班的班主任。他时时关注班里的动态，观察着每一个学生的表现，并与学生们讨论制定了各种班规制度。在他的带领下，学生们很快适应了高中阶段紧张的学习生活，班里洋溢着一种积极向上的学习氛围。

期中考试后，常老师发现班里考得最好的两个学生——田志鹏和黄友天，却显得并不愉快。他和这两个学生分别谈心，发现他们都对自己现有的成绩不满意：田志鹏虽然数理化方面很好，但是语文和英语却明显逊于理科；而黄友天的作文写得极为精彩，英语方面甚至能和外国人进行较为流利的对话，但是物理这门课却从初中开始就学得不太好。

如何能让这两个优秀的学生取长补短，在学习上更进一步呢？常老师想到了一个办法。常老师和同学们说："周六下午，我们要举行名为《分享你的经验》的主题班会，到时我会邀请高二高三的学习尖子也到场，希望我们班同学积极准备，与大家共享你的学习经验，共同提高共同进步。"常老师敏锐地观察到这两个学生都若有所思地点点头。

在周六的班会上，高一（3）班的学生们认真地听着高二高三的学长们的经验。有一位学长讲述的复习物理的方法给黄友天留下了很深的印象。黄友天对学习物理有信心了。而黄友天讲述的自己学习语文英语的经验，也使田志鹏深受启发。

这次学习经验交流会后，大家都认为自己有收获，并且更加乐于交流。期末考试后田志鹏和黄友天都很开心，原来他们之前的"弱势"科目都有提高。

>> 给男孩的悄悄话 <<

别人的学习经验启发了田志鹏和黄友天，那么他们的故事是否启发了我们呢？

英国著名作家萧伯纳曾说过这样一段话："两个人在一起交换苹果与两个人在一起交换思想完全不一样。两个人交换了苹果，每个人手里还是只有一个苹果；但是两个人交换了思想，每个人同时有了两个思想。"这段话的确精辟地道出了人与人之间交流思想的重要性、互补性。

青少年朋友在学习的过程中，要善于和同学、老师分享交流经验，不断吸收新的思想、新的知识，开阔自己的眼界。同学之间的分享交流能让彼此的经验更完善、方法更有效，大家共同进步，从而给自己创造更有利于学习的环境。

可能有的青少年朋友会说："我好不容易总结的学习经验，凭什么要与别人分享，要是学习了我的经验，成绩超过我怎么办？那不是自己给自己设障碍吗？"其实这些担心完全是不必要的，你分享的过程不但得到了更多的宝贵经验而且还收获了快乐。

制定一份学习时间表

做任何事情要想取得成功，都必须在行动前制定一个详尽的计划，学习也不例外。学习计划是实现学习目标的蓝图，制定良好的学习计划，可以帮助我们有效地提高学习的效率。你有制定学习计划和时间表的习惯吗？

大军和小军是孪生兄弟，兄弟俩相貌很像，可是他们的性格却大不相同。为了提高兄弟俩的学习成绩，爸爸妈妈没少费心思：辅导书买了，家教也请了，可是孩子的成绩还是没有起色。

通过观察，爸爸发现，俩孩子都没有好的学习习惯，学习没有计划。

大军对待作业的态度是：必须在第一时间完成。每天放学后，一放下书包就开始写作业，一直写完才开始看电视，玩游戏。寒暑假作业，放假前两天他都会起得很早，晚上会熬到很晚，一门心思写作业，基本第三天整个假期的作业就全部完成了；接下来近两个月的时间里，大军就轻松地玩，再也不用担心作业没做完，也就不再看书了。新学期开始时，上学期所学内容也差不多都忘了。

而弟弟小军则完全相反，作业总是拖到最后一刻才开始做，每天晚上直到快睡觉的时候，小军才懒洋洋地拿起作业本，每次的作业都做得很潦草。假期中，临开学的前两天基本就是小军的"世界末日"。这两天他会疯狂地赶作业。在这两天里，经常可以看到小军愁眉苦脸地趴在书桌前，一边啃面包，一边做作业。

发现问题后，爸爸征询了老师的意见，已经为两兄弟制定了详细的学习计划表。

>> 给男孩的悄悄话 <<

在学习的过程中，我们时常看到一些同学东走走西逛逛，左看看右翻翻，好像作业完成就没什么事可干了。这实际上是一种没有明确的目标、随遇而安的学习态度，很大程度上是由于没有为自己制定一个详细的学习计划造成的。

计划性强的学生，什么时间做什么事是非常有规律的，他们做完一件事后就会立刻去做另一件事，从来不会有无所事事、毫无目标的情况出现。他们对时间也抓得十分紧，轻易不会把大好时光白白浪费掉。

详细的学习计划使你的各项学习活动目标明确，在你努力争取自己的学习按计划进行时，由于学习生活的千变万化，常会出现一些意想不到的情况，而影响计划的进行，如临时增加集体活动、作业增多、考试临近等，这些往往都会打乱我们的学习计划。遇到这些情况，我们千万不能急躁，或者仍然死板地按计划进行，而是要及时调整自己的学习计划，增强计划的可行性，以适应变化了的学习情况，不做学习时间表的奴隶。

找到适合自己的学习方法

单凭"铁杵磨成绣花针""功到自然成"的方式，是无法适应目前的学习的。今日的学习成败，不仅取决于勤奋、刻苦、耐力与花费的时间和精力，更取决于学习方法。因此，只有找到适合自己的学习方法才能事半功倍。

学校派来的学习宣讲团的成员在讲台上发言，他们都是各个班级里成绩最好的同学。学校组织让他们来是给大家做学习方法的分享，提高大家的学习效率。所有成员讲完之后，大家都觉得那些成绩好的同学的方法听起来就是比自己的方法要好很多。很多人都觉得应该按照那些优秀的学生的方法和策略来学习。黎希也不例外，他也决定借鉴一下先进的学习方法，让自己成绩有突飞猛进的发展。

黎希每天按照老师的要求完成了作业之后，就不再做其他的事情了。但是那些学习好的学生既然说每天除了完成课程内部作业以外还要看很多课外辅导书，只能排到晚上看了。

黎希决定尝试。第一天，他到了十点就开始犯困，他让妈妈帮他冲了杯咖啡，继续看书，到了十一点，已经睁不开眼睛了，老妈心疼坏了，赶他睡觉去了。

第二天白天本来还需要继续精神抖擞地上课。但是课堂上，他实在忍不住犯困，结果一上午都昏昏沉沉，不知道老师讲的是什么。等到了晚上，他又要看书，白天犯困。一周下来，他觉得自己精神萎靡，而且白天老师讲课他都不能集中精神了，晚上学了什么，好像也什么没学到。

他只好选择放弃了。放弃的时候还有点不舍，觉得那所谓的先进方法不适合自己，怪可惜的。他又回到了自己的学习轨迹上，有时候他还会慨叹，原来每个人都有自己的学习方法。这种生搬硬套真吃不消。

>> 给男孩的悄悄话 <<

学习成果的好坏，与能否用自己喜欢的方式学习密切相关。哈佛优等生、美国第一位诺贝尔化学奖得主理查兹说过："最有价值的知识，是关于学习方法的知识。"就像有些运动员一样，他们不一定完全按照书里要求的"正确姿势"来做动作，而是利用最适合自己的姿势去锻炼，最后反而获得了冠军。我们的学习也是一样的，如果你只知道循规蹈矩、按部就班地照着那些所谓的"最好的"方法来学习，效果可能会更差。

用自己喜欢的方法学习，是提高学习能力的重要环节。英国有位社会学家曾经调查了几十位哈佛大学毕业的著名人士，发现他们大多认为学习时，最重要的就是用自己最喜欢的方法学习。而法国著名生理学家贝尔纳也深有感触地说："适合我的方法能使我发挥天赋与才能；而不适合我的方法则可能阻碍才能的发挥。"由此可见，用自己最喜欢的学习方法可以使学生在知识的密林中，成为手持猎枪的猎人，获得有效的进攻能力和选择猎物的余地。

当你明确了自己喜欢的学习方法并运用它时，你学习的过程就像在顺风行走，风速加快了你行走的速度。运用你喜欢的学习方法学习会提高你的脑力，使学习的过程变得非常轻松，效率也会大幅提高。

学会有趣的记忆法

记忆法是记忆的方法，常见的记忆法有编故事记忆法、口诀歌谣记忆法、谐音法、首字母记忆法、归纳记忆法、图表记忆法等。学会运用这些记忆方法，可以轻松让你变成"记忆小天才"。

明天就要历史考试了，老师今天才说，而且都不知道是考近现代还是古代史，那么多内容怎么准备啊？王晨看着一堆历史资料发愁，不知道该从哪里看起。

　　"应该先把朝代顺序理一下，夏、商、西周，然后，然后是……"王晨皱着眉苦思，"西周了应该是春秋战国，再就是秦朝、汉朝……"脑子又短路了，"烦死了，怎么就是记不住呢？"王晨烦躁地把课本扔到一边。

　　"哈哈，遇到什么麻烦了吗？""历史大王"刘刚看着王晨滑稽的表情忍不住笑着问。王晨抱怨道："明天就要考试了，这么多内容怎么记啊？历史老师也真是的，要考试了才说！现在一紧张连朝代顺序都记不清了！"

　　"不就是记这些年代顺序吗，这有什么难的，我教你一个简单的办法。"刘刚轻松地说，"夏代商代与西周，春秋战国乱悠悠；秦汉三国晋统一，南朝北朝是对头；隋唐五代又十国，宋元明清帝王休。这样简单的几句话就把所有朝代理顺了，你试试。"

　　王晨读了一遍高兴地说："一句话押韵又简单，果然不错！还有其他可以用这种方法记忆的知识点吗？"刘刚笑答道："其实很多知识点都可以用这种方法记忆的，学习的时候觉得哪种方法有利于记忆就用哪种，你可以自己编顺口溜、诗歌。"

　　"怪不得你成绩这么好，原来你有这么多好的学习方法啊，真厉害！"王晨向刘刚竖起了大拇指。

>> 给男孩的悄悄话 <<

很多人一提到背诵就两腿发抖，"记不住"成了男孩们学习时很难跨越的一个障碍。的确，面对着堆积如山的书本练习题就已经头脑发胀了，这时再去背诵和记忆，大概谁都没有心情了吧！何况，枯燥的课文、排着队的公式，那么多怎么记得下来？想快速有效地记就更难了！

其实，只要稍稍动动脑筋，这个大难题就可以解决了，比如运用一些记忆法。记忆法的原理就是运用已经记住的东西，让它成为有一定可以回忆出来的顺序的东西。然后把要记的东西和它进行想象、联想连接，因为想象和联想强调了图像，所以把要记的东西让右脑处理了，而右脑又是记忆力非常强的脑部分，所以记忆法的效果非常明显。

这些记忆法的一个共同特点就是：想象夸张、奇特、形象。因为大脑对夸张的东西不容易忘记，对形象的东西也容易记住。所以，在运用记忆法的时候要谨记这点。

应对考试的诀窍

考前压力太大怎么办

都说迎考就是迎战，就连教室里也贴着"迎战高考"的警语。"考场如战场"本是让我们重视考试，而家长和老师们说者无意，我们却听者有心，在内心里形成了巨大的压力。面对考前的压力，你是如何缓解的呢？

任攀是初二（5）班的学习委员，他担任学习委员就是因为成绩好。但是任攀有个很严重的问题，他一到了考试的时候就很紧张。下周就要期末考试了。都说考场如同战场，考场上就是不见血的战争，他总觉得自己复习得不够充分，不足以应对考场上的刀光剑影，每次到了考前都紧张得晚上睡不好，脑子里总是不断闪现那些白天复习的内容，如果哪段突然被卡住，就必须半夜里起来看书，直到记住为止。

这样的考试状态让他每次面对考试的时候都如临大敌，考场上也比别人紧张许多。经常因为考试期间拉肚子而不得不中途去厕所，学校的老师都知道这个情况，一般也会允许他去。考试结束之后，拉肚子的现象又会自动消失。

他为这件事很苦恼，决心在期末考试的时候克服这个毛病，他就主动到了学校的心理咨询室，去寻求心理老师的帮助，打开自己的心结。

心理老师给他讲了考试的作用和意义，并且教给他放松的方法，当老师说考试是为了查漏补缺的时候，他突然觉得这个作用跟自己想的差距很大，他每次都把考试当成一次你死我活的较量，把成绩和分数看得很重。看来，备考真不是备战，输赢也不在分数的高低上。

>> 给男孩的悄悄话 <<

俗话说："井无压力不出油，人无压力轻飘飘。"但在考试中，压力过大只会被压倒，从此站不起来。

奇怪的是越是不把考试当一回事的同学，越能考出好成绩；越因为担心考不好寝食难安，到头来也往往就真的吃不到好果子。这到底是什么原因呢？

答案就在于你是怎么看待考试的，心态决定成败。一场考试又要到来的时候，你是感到紧张、激动，还是像平常写道作业题一样完全不把它放在心上呢？

要是觉得紧张的话，那要想考出好的成绩还真的有点难度呢。你知道当我们面对一场考试时，好的心态是非常重要的。我们在平时就注重做好对知识的掌握和积累的同时，让自己对考试有一个正确的认识真的非常重要，它决定你是轻松应对考试，还是要每天在书包里装一个沉重的十字架。

其实，分数是虚的，能力却是实实在在的，一场场的考试不但帮你检验和巩固了平时学习的成果，对你的心理素质也是一个很好的锤炼。知识点就是那些，老师的考题却可以出得千奇百怪。有时候你常常会觉得自己是白复习了一场，那些知识明明都懂了，怎么考试的时候就是想不到呢！其实问题就出在你的心理素质上。这需要更多场考试来磨炼。不要以为考试就是学生的事，学会应对考试对你一生都有益。

轻松应考，掌握答题窍门

人们常说"找到窍门"，考试也是如此，如果能在考试中抓住答题的各种窍门，那么轻轻松松获得高分并不是一件很难的事。

考场上只听见笔尖在纸面滑过时产生的"沙沙沙"的声音。所有人都在认真答着题，只不过每个人都不一样。

周思源是个急性子，每次考试，只要卷子一发下来，他就着急地要在最短的时间内做完，然后第一个交试卷。所以他每次都急急忙忙的，像是要和时间赛跑。

孙翔是慢性子。拿到试卷之后，他不慌不忙地将试卷前前后后地看了两遍，然后又慢慢腾腾地拿起笔。往往光是审题就要审上半天，别人都已经下笔了，他还思考。每次交卷的铃声响起时，他的题目还有很多没做。

裴坤又是一个代表。裴坤的成绩一直很不错，但一到考试的时候他就很容易紧张，他经常攥着笔，一脸严肃，不是担心题目太难，自己做不出来，就是时间不够用，题目做不完，心神不宁的他经常连会做的题目也做错了。

状态最好的属樊增河了，不管什么时候，大家见到的都是樊增河自信的样子。每次考试，不管试卷难易，他总是不慌不忙，一幅胸有成竹的样子。通常是考试结束了，大家长吁短叹，只有他镇定自若，大家都喜欢找他对答案。

周思源、孙翔和裴坤都羡慕不已。樊增河知道后，告诉他们："答题也有窍门。"三人决定像樊增河一样总结出答题窍门，四个好朋友一起分享。

>> 给男孩的悄悄话 <<

拿到考卷，并不是一个劲地做最后就可以取得高分，同样是成绩很好的人，但如果没有掌握一定的答题窍门，最后还是无法取得理想的成绩。所以，要想在考场上游刃有余，一定要掌握答题窍门。

1. 熟悉题型。平时可针对考试的题型来练习，不过即使遇到不熟悉的题型，也不要慌张，因为这些题并没有脱离你平常的学习范围，只是形式上发生了一些改变。

2. 心理放松。深呼吸放松，并对自己说："相信自己一定行！"如果遇到难题也不要紧张，想着别人也可能做不出。

3. 安排好答题的时间和次序。答题时一定要看清题目，审清题意。如果题量较大，时间紧张，可以先答分值多的题目。在完成整体题量的三分之一时，看看时间，控制速度。答题顺利的话也不要骄傲，要小心答题。

4. 遇到难题，多读几遍。选择题，如果不知道正确答案，就猜一个，千万不要留空白，填空题尤其如此。但切记考完试一定要弄清楚。

5. 发现明显的错误，就毫不犹豫地改正。

6. 检查时，重点检查开始没有把握的题目。

7. 一定要注意保持卷面的整洁美观。

考试容易发挥失常怎么办

考试之前或者考试之中有一些紧张是正常的，这也会促进我们集中精力去做题目。但是过度的紧张肯定会带来负面的影响，比如考试发挥失常。你有因为紧张而容易考试发挥失常的情况吗？

还有一个星期就考试了，和其他同学一样，李焕也进入了紧急的复习状态。可是随着日子一天天地逼近，李焕的心里像装了只小耗子，他开始变得心神不安，紧张烦躁。回到家，妈妈只不过问了一句平平常常的问题：今天学习怎么样？也惹得他满肚子的不高兴，还朝着妈妈大喊大叫，发完脾气就钻进屋里了，吃饭时间也不出来。

还剩最后一天，李焕忽然冒出了一个念头：离家出走！他徘徊在学校的那条路上，如果不是同桌过来拉着他一起进学校，说不定，那天他真要逃学了。

考试的日子终于来了！还没进考场，李焕就浑身冒汗。坐到了座位上，他发现他的手心全是汗。拿到试卷后，李焕越来越慌张："这些题不是以前全做过吗？我怎么一下子忘了做法？"他拼命地想让自己镇定下来，可他握着笔的手却越来越抖。看到周围的同学那么认真地做题，李焕的信心一下子全没了。

几门功课终于坚持考下来了，李焕像虚脱了一样。成绩结果出来了，本来在全班成绩前十名的李焕这次考试一下子滑到了二十几名。只有李焕清楚这是为什么。

>> 给男孩的悄悄话 <<

很多人平时成绩很好，可一旦考试成绩出来，却让很多人大跌眼镜，这在很大程度上是因为考试时紧张造成的。考试需要一个良好的心态，如果能保持一颗平常心，以一种积极、从容、冷静的态度来应考，又何必担心无法获得好成绩呢？因此考前要做到以下几点：

1. 考前放松

考试前一天让自己轻松愉快地休息一天，以缓解因复习而一直紧张的神经，睡个好觉，这样第二天上考场时才能精神饱满、思维敏捷。

2. 考前学会摆脱压力，确立信心

不要总想自己会不会失败、失败后又如何，这样只会越来越担心，不妨想想自己的优势，对自己说："我相信自己！"把自己的身心调整到最佳状态。

3. 对考试保持一颗平常心

告诉自己："要保持正常，正常发挥。"

4. 注重生活的规律性和丰富性

不能因为考试就打乱自己平时的生活，生活仍然要有条有理、有张有弛。让丰富多彩的生活来缓解自己的紧张、焦虑心理。

5. 考试间隙应有正确的态度

考完一科后觉得考得好也不要骄傲自满，考得不好也不要悲观泄气，应抓紧时间休息大脑，消除疲劳，做好下一学科的物质和精神准备，使自己始终保持最佳的精神状态。

不同学科有不同的学习方法

学习时，要纠正对不同的科目采取千篇一律的学习方式的坏习惯。每个科目都有各自不同的特点，在学习时，我们应根据不同的科目，采取不同的学习策略。

初三新增了化学课，丁宁也像以前一样认真地听课，认真地做笔记，期中考试的时候，丁宁的化学成绩特别不好。他想不明白自己每天

很认真地学化学了，为什么成绩却不如那些看起来不如他认真的同学。

他拿着化学试卷去找化学老师分析，化学老师仔细地看了他的试卷，然后问他："你是怎么复习的呀？"丁宁低着头，以为是老师在训斥他，不好意思地搓着手，但是不说话。

化学老师看出了丁宁的心思："你能主动来找我，说明你很想学好化学，我看你成绩不太高，就想问问你复习的方式是不是不对。没有别的意思。"

听了老师的劝慰，丁宁说："我就像复习历史、政治一样，每天把化学那些知识点背诵一遍，然后考试的时候发现，我背的那些跟考题都没有多大关系。"

化学老师笑着说："对呀，你已经找到你没考好的原因啦。学化学和学政治、历史的学习方法不一样。考察的内容也不一样，除了记忆，我们要更多地把握和理解所学的内容，还要从练习题里找到需要掌握的知识点，这样化学才能学得好呀。"

告别了化学老师，丁宁明白了，原来不同的学科有不同的考试要求和学习方法，看来自己把那套记忆的本领生搬硬套到所有的科目里去是行不通的。

>> 给男孩的悄悄话 <<

要想在考试中取得好成绩，扎实的基础知识、熟练的基本技能和在长年累月的刻苦钻研中培养起来的能力是最基本的要求，同时，临场发挥的好坏也对成绩的高低起着至关重要的作用。最重要的是在平时的学习中要针对不同的学科采用不同的学习方法。只有这样才能在考试的时候轻松自如。

每一次考试结束，你对成绩的估计会有所偏差吗？如果这次考试失利，你会怎样分析考试中的失误，不要为分数而苦恼，重要的是要学会对症下药。

可以仔细分析一下自己，不论基础知识上存在巨大的缺陷，还是应试技巧上出现了一定的问题，都不必焦虑，因为对于我们无止境的学习来说，我们也存在无止境的考试。

其次，如果是你缺乏应试技巧，出现紧张等情况，可以在日常学习中多做几套模拟题，也要模仿考试中的时间，定量、定时完成题目，多检测自己。每一次检测，如同一次考试，每一次失利，都给你一次宝贵的经验。

在考试过程中，要根据不同的科目，采取不同的策略，相信这样一定会对成绩的提高有很大帮助。

应试有技巧

做什么都要讲究方法和技巧，考试也不例外。应试技巧主要指在应付各类考试中，考生为更好地解答各类问题而采取的一些特殊方法。那么，让我们来看看应试都有哪些技巧吧。

立军学习用功，平时知识掌握得很扎实，奇怪的是考试不出好成绩，每次总因为各种理由发挥失常。

立军学习很用心，他绝不会让自己"在同一个地方摔倒两次"，只要自己做错过的题目，他总能认真思考，请教老师同学直到弄懂为止，并且把错题都记录在"纠错本"上，平时经常翻看。他还有课前认真预习、课后复习的习惯，这些行为让他的知识掌握得更扎实。临近考试时，复习的力度也加强了，不断地翻看课本，做更多的习题。尽管立军很努力，可他的成绩总和预期的有差距，考不出理想的分数。

一次次考试失利，对立军形成不小的打击，他不明白为什么自己这么努力，却没有得到该有的回报。老师也纳闷，以立军平时对知识的掌握程度看，考试成绩不应该是这样的。于是找立军了解了情况。

"你现在主要的问题就是惧怕考试，一考试就紧张，总担心自己考不好。学会放松心态，以你平时对知识的掌握考试前不需要加班加点，这样只会让你更紧张。"老师耐心地开导立军，"考试发挥失常主要是因为你答题不科学，你只要科学答题，成绩就会上来了，慢慢就不用紧张了。"

现在立军终于知道自己的问题出在哪儿了。

>> 给男孩的悄悄话 <<

下面为青春期男孩介绍一些应试技巧，以供参考：

1. 建立"错题记录本"

一些学生失分的关键，往往只是几个类型上的差错。每次将自己做错的题记下来，反复钻研，下一次再犯错的可能性就小了。久而久之，自己的弱项便可以克服了。

2. 多做模拟试题

多做模拟试题的目的意在模拟考试，并通过此种办法提高临考的适应能力。

往往有这种情况，自己感到已掌握的知识，在模拟考试中又出了问题，这反映了所掌握的知识是不扎实的，是经不住略加变化的考验的。所以通过模拟考试，可以发现已认为掌握而实际上还没有完全、扎实地掌握某种知识的缺乏，从而有针对性地予以解决。每套模拟考题都有一定的难度，往往能大致反映这门考试科目的重点。因此通过模拟考试，可以检验和巩固复习的成果。

3. 心理放松

考前充足的睡眠、愉快的心情是必不可少的。加班加点，强攻难关，往往适得其反。多参加体育活动，多听音乐，多吃蔬菜水果，多与朋友、师长聊开心的话题，都能为自己创造一个宽松的环境。

合理利用时间

做善于利用时间的人

生命是以时间为单位的，时间就是生命。学习是要用时间来完成的，只有利用好自己身边的零散时间，才能不断地超越自我，实现学习上的飞跃。从今天起，做一个善于利用时间的人吧。

苏豪每天要乘坐14路车去学校，每次他的手里都拿着一本单词书。从家到学校的路上，他总是在学英语，有时候遇见了同学，同学跟他打招呼的时候，他会不好意思地收起自己的单词书。

除了等公交车这段时间，他别的时候也挺注意运用零散的时间，他每天放学会在家里给爸妈做饭，做饭的时候，他就打开电脑，播放英语听力的对话，或者语文的古诗朗诵。他一边做饭，一边跟着录音朗读。每天都跟读那么一段，时间久了无论是他的英语朗诵水平，还是汉语的古诗和散文朗诵，都是别的同学非常羡慕的。

他就是利用这些零散的时间安排自己喜欢的朗诵练习的，学校的课程安排得很紧，在学校根本没有专门的时间去做这些事情，苏豪就会用这些零散的时间来学习自己喜欢的东西。

结果也可想而知，他的成绩很好，最突出的是语文和英语成绩。他用零散的时间学习，日积月累，成绩就比别人好了很多。

每天都是24小时，我们必须吃饭、睡觉，然后剩下的时间里，除了必须做的事情需要占用的时间，我们可以安排的就只有这些零散的时间了，而苏豪很好地利用了这些零散时间。

>> 给男孩的悄悄话 <<

哈佛心理学教授，美国发展心理学家杰罗姆·凯根说过："时间是在分秒之中积成的，善于利用每一分钟的人，才会做出更大的成绩。"

争取时间、善于利用时间是我们高效学习的保证。所谓零碎时间，主要是说学习的间歇、用餐时间、上学或放学路上的时间等。在零碎时间里，基本上无法完成什么重要的事情。但如果将这些零散时间浪费掉，那将是十分可惜的，而如果我们将零散的时间合理地运用到学习上，就可以节约很多学习的时间。

在学习阶段，大部分的时间是在课堂和自习中度过的，能自由支配的时间很少，在这种情况下，更应学会利用零散时间。

比如，从家到学校10分钟的路程，记住一个英语单词绰绰有余。更重要的还不是背会了英语单词，而是养成了节约时间的良好习惯。只有懂得珍惜零散时间的人，才会真正珍惜大段时间。浪费时间跟浪费钱财一样，都是从小数目开始的。

我们节约了时间，也就是延长了我们学习的生命，也就能掌握更多的知识。

为自己做个时间规划

凡事预则立，不预则废，最重要的一点是首先要给自己定一份时间表，也就是学习计划表，在表上填上那些非花不可的时间，如吃饭、睡觉、上课、娱乐等。这样我们才能合理有效地利用每一天。

何腾从进入中学以后一直觉得自己不能适应中学的学习节奏。小学里那些知识是非常浅显的，而且科目也不多，每天完成了老师规定的作业之后就剩下大把的时间归自己支配了，每天生活得都很轻松。但是到了中学之后一下子多了很多科目，而且每科都经常搞测验，还有其他大大小小的考试不断。每天都被这些课程和作业弄得焦头烂额，他实在没办法了，就向上大学的邻居哥哥请教学习方法。

邻居哥哥告诉他，上了中学之后，跟小学不一样，要学会自己规划自己的时间，这样就能自己有主动权，不会被作业和考试牵着鼻子走。

按照邻居哥哥指导的方法，何腾先把自己每天必须做的事情列在了一张表格上。每天上课的时间是不能改变的，但是课间的时间、中午的时间、下午放学后的时间都可以自己支配。经过一番安排和规划，他每天都把自己要做的事情安排好了。

>> 给男孩的悄悄话 <<

进入中学阶段以后，学习一下子变得繁重起来。首先是作业变多了，除了各科老师课堂布置的不少作业，还要应付平时大大小小的考试，还有那么多越帮越忙的辅导书，还有家庭教师布置的课外习题等。很多人每天忙得焦头烂额，却还有不少重要的事情被遗漏掉，这都是不懂合理安排时间的缘故。

时间很公平，每天给每个人的都是 24 个小时。但同样是 24 个小时，不同的人会有不同的效率，甚至差别很大。比如有的男孩善于科学安排自己的学习时间，学习、娱乐、休息安排得井井有条不说，学习效果也很好；而有的男孩整天忙作一团，因为学习影响了休息不说，学习效率也不高。

因此，为自己做一个时间规划是很有必要的。把每天用多少时间来干某一件事规划出来，安排这些时间之后，选定合适的、固定的时间用于学习，还要留出足够的时间来完成正常的阅读和课后作业。值得注意的是，学习不应该占据作息时间表上全部的空闲时间，而要适当安排一些休息和娱乐，比如收看精彩的电视节目的时间、锻炼身体的时间等。一些心理学家的研究结果表明，智力相同的两个学生有无学习计划，直接影响他们的学习效果。计划性差是学习成绩不理想的主要原因。

时间表的拟定要根据自己的习惯和特点。比如有的男孩习惯早睡早起，早晨背东西记得牢，理解力也好，这样晚上的睡觉时间就要适当提前，以保证充足的休息。反之，则可以适当晚睡晚起。

根据生物钟安排学习计划

在适当的时机做适合的事情，这就是所谓的"掌握时间节奏"，这也是很多成功人士高效学习和工作的秘密武器。让我们来学习一下如何根据生物钟安排学习计划吧。

班里开了一场主题班会：珍惜时间。开完班会之后，大家纷纷表示自己要珍惜时间。葛龙飞也是这么想的，他觉得自己以前不够珍惜时间。为了有所行动，他决定每天提前一小时起床学英语。以前他是6：50起床，然后洗漱、吃饭，骑单车到学校刚好赶上上课。现在他下定决心珍惜时间，要提前一小时起床。

第一天，他5：50起来，然后开始朗读英语，一个小时下来，很有成就感，上课的时候虽然有些困，但是他安慰自己是还不适应早起一个小时。

第二天，他照样5：50起床，朗读英语。等到上午上课的时候实在有些困，就趴在桌子上小睡了一会儿。被数学老师发现了，老师点名要他回答问题，他却睡眼惺忪。

第三天，他觉得自己起床也变得很困难，眼皮很重，虽然坚持着起床了，但是一点精神也没有。

坚持了一周，他越来越没精神，他决定还是放弃自己的早起计划。回归到自己正常的生活里去。后来听了老师讲关于生物钟的事情他才明白，原来每个人都有自己的生物钟，自己的早起行为打乱了自己体内的生物钟，这才使得自己不仅没有珍惜时间，而且越来越困倦。看来，要想珍惜时间也要掌握自己的时间节奏呀。

>> 给男孩的悄悄话 <<

只要留心，你会发现，在我们日常的工作和生活中，除了每天能力状态的规律性波动之外，还有较长时间段里的生理规律：生理节奏。通过生理节奏管理，我们可以解读体内的"生物钟"，了解其规律，通过主动调整，使自己的能力与其自然波动相适应。

事实上，我们的身体像个时钟那样复杂地操作，而且每个人的运转速度也像时钟那样彼此略有不同。长久以来，行为学家一直认为导致这种差别的原因是个人的怪癖或早年养成的习惯。直到20世纪50年代后期，医生兼生物学家霍尔堡提出了一项称为"时间生物学"的理论。霍尔堡解释说，我们体内的各个系统并非永远稳定而无变化地操作，而是有一个大约周期，有时会加速，有时会减慢。我们每天只有一段有限的时间是处于效率的巅峰状态。霍尔堡把这些身体节奏称为"生理节奏"。

生理节奏和我们生活的方方面面都密切相关：健康、学习、工作、家庭生活、社会活动、闲暇时间和运动等，它的应用可以说是无限的。日本和美国的许多企业利用生理节奏原理，短时间内就把事故率减少了 30%、50%，甚至接近 60%。

根据自身的生理节奏来调节好自己的时间节奏，我们就可以更好地掌控和利用自己的时间。

充分利用假期时间

假期是一笔可贵的时间财富，如果得以充分利用，这会让我们过得更加充实、更加有意义。你的假期是如何度过的呢？你知道如何充分利用假期时间吗？

刘驰放假了，他期待了很久的暑假终于到来了。刚放假的头两天，每天中午才起床，起来就看电视，一副无所事事的样子。这样的生活刚刚过了两天，他就有些厌倦了。他觉得自己应该制定一个计划，不能虚度光阴。毕竟开学之后他就该进毕业班了，听说毕业班的复习是很紧张的。他觉得自己也有必要先预习一下课程，然后补习一下自己最弱的英语。

刘驰的暑期计划出炉了。他每天下午都去国画班学画画，这是去年就想好的，他喜欢画画，喜欢在白纸上泼洒墨汁的感觉。他的上午时间分给了学习，学习英语和预习其他课程交替进行。晚上的时间当然是自由安排了。或者陪老妈老爸去散步，或者自己和伙伴们一起玩。

这样一个暑假下来，他的国画水平有了显著的提高，对英语也更自信了，更重要的是熟悉了下一年的课程之后，他觉得自己的学习压力好像没有那么大了。这样的状态他非常喜欢。

等到开学大家互相交流暑假做的事情，他发现大家真的把假期看得比学期还重要，很多同学参加了社会实践，也有人跟他一样参加了兴趣班，培养自己的爱好，更多的人选择了补习自己比较弱势的科目。

>> 给男孩的悄悄话 <<

学生都有寒假、暑假两个假期，时间比较长，因此，安排好假期的学习，是不让自己掉队，让自己升位的最好办法。

由于假期前学生经过紧张的期末复习考试，已经很累了，假期中许多学生存在着一种自发产生的放松要求，甚至有一定的厌学情绪。考试一结束，就有一种千斤重担一时卸的轻松感觉，不愿再读书，或者有"且待明日"的思想，这是正常的心理反应。但如果让这种思想不断滋长，就会使得整个假期都被浪费掉。假期好好玩，养精蓄锐，待开学再努力吧。这是一种典型的等待思想，我们应坚决予以纠正。

当然，假期的安排也很有讲究。假期的安排不应该像课余或双休日的安排，更不宜把课排得紧紧的，应讲究安排的技巧，它的安排原则是既玩好，也学好。

从内容上，假期不仅要安排教材的学习，还应安排一定的社会实践活动，争取能把"玩"和社会实践结合起来，做到有目的地玩，在玩中了解自然、了解社会，在玩中读好社会这本无字天书。在时间安排上，一般放假后就可立即进行社会实践的活动，让紧张的头脑松弛一下，做到"一张一弛，文武之道"，这是有必要的。至于到什么地方去实践，则应该根据自己的情况认真考虑。

　　当然，假期最重要的是自学，为此，要把时间安排好，制定个时间安排表，照时间表有计划地学，不要凭兴趣，这本书翻翻、那本书翻翻，结果什么也没学到。

第五章　情绪 & 情商——让冒险的旅途充满阳光

| 做阳光男孩，享幸福生活

正确理解失败

　　每个男孩都渴望成功，但由于年龄小、能力有限、经历和经验缺乏以及各种因素的影响，难免会遭受失败和挫折。一次小小的失败，对成人来说是微不足道的，对青春期男孩来说却是一个不小的打击。

　　钱巍坐在教室的角落里发呆，还想着自己昨天踢进的乌龙球。最近学校在举行班级间的足球联赛，爱好足球的钱巍自然也是班里的足球队主力。昨天是他们班能否进决赛的一场关键比赛，大家都使出全身力气，争取晋级决赛的名额。钱巍自然也不例外，他也极其希望自己的班级能够夺冠，并贡献自己的一分力量。

　　对手也是很强的班级，他们队员的体力明显要优于自己。在比赛中，钱巍求胜心切，不知怎的就把球踢到了自己的球门里。场上的观众都发出惊呼，守门员根本没有反应过来。当时，钱巍沮丧地跪在了地上，对方的球员们欢呼雀跃，自己的队员们无奈地走向了各自的位置。钱巍试图改变这个格局，最终还是无力回天，他们以0∶1输给了对方，那一个球还是自己帮对方踢进去的。等队员们和观众都散去了之后，他大哭了一场。就这么输了，他们的冠军梦就被他一脚断送，他难过极了。

他昨天甚至发誓，以后再也不踢足球了。今天遇见和自己一起踢球的同学，他都觉得不好意思和人家打招呼，面对失败，他变得沮丧，甚至都影响了他的人际关系。他总觉得自己亏欠大家的，亏欠队员们，也亏欠班上的同学。他不知道如何是好，他颓丧地坐在座位上，痛苦地揪着自己的头发……

>> 给男孩的悄悄话 <<

在我们的生活中，有许多这样的男孩，他们本来拥有聪明的头脑，以前也曾是全班甚至全校的尖子生，但往往因为一次考试不理想或是老师某一句话对他的打击，就变得消沉起来，学习成绩下降、上课精力不集中，甚至是逃学。

在这种心态的影响下，男孩们就可能变得精神萎靡、消沉慵懒、做事没劲头，完全一副颓废的模样。这种心态如果得不到调整，其一生就只能是碌碌无为，不敢面对一点困难。

很多时候，给男孩带来最大打击的往往不是失败本身，而是他对失败的理解。等待青春期男孩的将是长长的一生，如果眼前一点暂时的小困难都应付不了，今后又如何经得起大风大浪？与其一蹶不振，不如培养自己乐观的心态，给自己面对困难的勇气。只有有了乐观的心态，才能积极认真地面对生活，才能在遇到困难时不灰心、不气馁，最后顽强地坚持到底！

向昨天挥手作别

许多青少年都有"爱回忆"的怀旧心理，怀旧其实是一种情结，它会让人深刻记住无数次感受过的欢愉，或者是沉溺在过去的苦痛中不能自拔。这种回忆不仅浪费时间，还耗损了我们的感情。所以，向昨天的往事挥手告别，憧憬美好明天的到来吧。

姥姥去世了，闫焰一直处于悲痛中，他无心学习，虽然也坚持去上学，但是课堂上很难听进去老师所讲内容。

闫焰的父母都上班，自从闫焰满月，就被送到了姥姥家，闫焰一直跟着姥姥长大，是姥姥看着闫焰一天天长大，扶着他学走路，教他学说话，看着他一步一步成长，然后开始每天接送他上小学，在小学里每次闫焰获得老师的表扬或者获奖了，总是迅速地跑回姥姥家，给姥姥报喜。直到初中，闫焰才回到了爸妈身边。

有一天，姥姥突然心脏病发作住院了。住院一个月，也不见好转，闫焰每天都去陪姥姥，他希望姥姥能渡过难关，但是姥姥还是走了。他觉得自己的世界都要崩塌，眼前全是小时候和姥姥一起生活的场景。

他的世界陷入黑暗当中，他完全活在了回忆里，老师得知了闫焰的遭遇，跟他谈心。老师安慰了闫焰，首先表示对他的理解，知道他的悲痛，而且也谈起了自己曾经因为爷爷去世的事情而不吃不喝的经历。但是老师鼓励闫焰说："姥姥已经走了，这是一个事实了。你是一个男子汉，我们都要承认事实，但是你要记得姥姥对你的期望呀，这样你努力学习，去完成她对你的期望，你才能对得起姥姥。若总是活在回忆里，姥姥也不会回来了。不是吗？"

闫焰若有所思，但是真正要走出来，对他来说，还需要一个漫长的过程。

>> 给男孩的悄悄话 <<

钱锺书先生在《论快乐》一文曾说："快乐在人生里，好比引诱小孩子吃药的方糖，更像跑狗场里引诱狗赛跑的电兔子。几分钟或者几天的快乐赚我们活了一世，忍受着许多痛苦。"生活中确实存在着这样或那样的挫折和痛苦，但生活中并不缺少快乐，人生快乐与否，有时完全在于心态和精神思想，人生常常遭遇痛苦，但精神却可以改变它，使人乐观，使人能够苦中作乐。

有人曾说过这样一段话："天下只有两种人。比如一串葡萄到手，一种人挑好的吃，另一种人把最好的留到最后吃。照例第一种人应该乐观，因为他每吃一颗都是吃剩的葡萄里最好的；第二种人应该悲观，因为他每吃一颗都是吃剩的葡萄里最坏的。不过事实却相反，缘故是第二种人还有希望，第一种人只有回忆。"

行走在青春期中的男孩，你是属于哪一种呢？是每天都怀有希望，还是时常活在回忆中？我们每个人都应该努力成为那段话中所说的第二种人，心怀希望，积极投入生活，不让回忆羁绊自己的脚步，过分依恋过去是对现实的一种逃避。过分感念过去，就会落入一个情感的怪圈，让自己和周围的人承受很多痛苦。治疗怀旧心理最好的方法就是每天播种一个希望，让希望引领你走出过去，迎接每一个崭新的日子。

遵循本性生活

生活中有很多事情具有浓厚的哲学意味。我们在生活中，应当遵循自己的自然本性和自身的习惯，做到凡事顺其自然。当你顺其自然地做某件事的时候，就会有些意外而又有趣的事来临，我们经常会从中获得一些有益的经验。

王坤是个智商一般的孩子，但是他总是觉得自己聪明绝顶，还认为世界上没有几个人比他更聪明，他甚至认为自己和爱因斯坦、牛顿能够并驾齐驱，在智商方面，在成就方面，至少以后自己也可以有和他们一样卓越的成就。

怀着这样的幻想，他从小学进入了初中。小学的课程和内容很简单，让王坤自信满满。

但是，中学的课程和小学有很大的不同，要求和小学阶段的课程也非常不一样。他感觉自己开始有点吃力了，于是他陷入了苦恼之中，他苦恼的原因不是因为自己不会那些课程，而是因为自己的高智商受到了学校的束缚。

他向妈妈提出，自己要休学，要在家里自己学习，他认为学校限制了他的本性，使得他卓越的才能不能发挥出来。

其实王坤是个很自卑的孩子，他觉得自己什么都不如别人，于是在外面就狂妄地说自己是个高智商的孩子，来博得大家的关注。他以学校限制自己的才能发挥为理由，掩饰自己平平的成绩，这样他才会觉得心理平衡些。

老师找到了王坤，让他拿着一棵植物，老师把所有的枝杈都剪掉，问王坤好看不好看。王坤摇头。老师才说，植物本来的样子，其实是最好看的，如果都把它原来的本性剪掉，它就会很突兀，而且很难看，也不能很好地生长了。王坤若有所思地点头。

>> 给男孩的悄悄话 <<

如果我们在学习生活中，做事情总是勉强自己，比如勉强自己学习优秀的同学或朋友的学习方法和生活习惯，而忽视自己的方法和养成的习惯，你会发现自己不但活得很累，而且出不了好成绩。我们无论做任何事，都不要勉强自己，否则只会增添自身的痛苦。

每天都给自己一段独处的时间，好好问问自己：到底想过什么样的生活？什么是可有可无的？什么是必须去不懈追求的？这样的追问可以一直延续下去，还可以把每天的想法记录下来，这样你会看到，随着生活阅历的增加、思考的深入，你的回答也不断成熟。只要我们不再一味追求外界的认可，疲惫无奈地生活在他人的注视之下，我们就会真诚生活，成为自己命运的主宰者。

在我们的学习和生活中，只要我们坚持反问自己，是不是做事太过于执着和勉强了，然后以一种顺其自然的生活态度来学习和生活，那么我们将不再疲惫。强扭的瓜是不会甜的，顺自然之性才能获得幸福。

快乐在前路等待

你眼中的快乐是怎样的？有巧克力糖吃、打电子游戏，还是在新学期给自己更换一身时尚的"行头"？不同的年龄，我们因为不同的事而快乐。处于青春期的青少年的快乐在哪里呢？

以前的时候许尧认为每天可以玩电子游戏就是快乐，但是暑假放假后，他每天都在网上玩游戏，直到眼睛发酸、脖子也变得僵硬才停下来，以前那种快乐的感觉没有了，他觉得自己越玩越没劲。最后干脆放弃了网络游戏。

他躺在客厅的沙发上发呆，希望自己能够找到从前的快乐，以前每次过年都会很快乐，得到大人送的礼物和压岁钱，就会高兴得一蹦三跳。现在也没那种感觉了。这是什么原因呢？他想了很久才发现，原来这些快乐都不能持久。

怎样才能得到持久的快乐？他开始四处寻找答案，问爸妈，问同学，问朋友，他最后在网上找到了一个自己觉得还算满意的答案，这个答案来自一篇博客文章。大概意思讲，拥有未来并且为之奋斗的人才会在奋斗的过程中体验到长久的快乐。

许尧从来没有想过自己长大后将要有个怎样的未来。看了那篇文章之后，他开始考虑自己的未来，自己的永远的快乐。他开始寻找自己未来发展的方向，开始尝试着为了自己的未来学习一些技能和知识，他每一点进步都让自己很高兴、很幸福，他想，这才是真正的快乐。

>> 给男孩的悄悄话 <<

小的时候，快乐是从天而降的。美味的零食、甜蜜的亲吻多得等不及排队就蜂拥而至；慢慢长大以后，快乐和我们玩起捉迷藏的游戏，要仔细寻觅才能将它捕获；而真正成为一个大人，偶尔快乐还会举着降落伞带给我们惊喜，有时它也依然喜欢和我们玩捉迷藏的游戏，但更多的时候，快乐需要我们自己创造。

现在就想一想吧，你要怎样做才能创造出快乐呢？现在的快乐是学有所成，走上社会后的快乐则是学以致用。

现在学来的每一样理论和实际的技能，其实都是在一点一滴地壮大你自己，使你具备今后可以胜任工作的基本素质。进入更专业的学习领域之后，你的翅膀就会长得更加丰满苗壮。一旦有一天，你的能力足够你负担自己的生活和选择，你就已经成长为一个独立和自由的人。而这些都要靠今天的学习获得，无尽的游戏只会让你浪费宝贵的时间而变成一个寄生虫。

你愿意依附他人活着，还是做一个自力更生、传播快乐的人呢？能凭借自己的能力为自己的生活负责就是一种快乐。这种快乐要靠今天的学习得来，学习让我们具备生存的能力。所以，学习是每个人一生的必修课。现在就开始做准备吧，认真对待每一堂课、每一本书，找到自己的快乐之源！

青春期的男孩们不要轻视每天发生的小事，幸福和快乐往往与此相伴。快乐并非天外来客，生活中常常充满快乐，如果不珍惜每一刻时光，快乐就与你无缘。何必刻意地到处寻找快乐，其实快乐时刻在你身边。

内心的成熟才是真正的成熟

好胜心要适度

俗话说："人外有人，山外有山。"一个出色的男孩在一个小环境里非常优秀，但是走出了这个环境，他还是最强的吗？答案毋庸置疑，不一定。年轻好胜不是坏事，但好胜心过度就会给自己带来一些麻烦。

短跑成绩出来了，李厚泽不是第一名，他屈居第二，第一名是他的好友马宁。李厚泽把自己的外套甩在身后，头也不回地离开了运动场，马宁收拾好自己的东西再喊他的时候，他早已经出了操场。

李厚泽是个争强好胜的人，这一点短跑组的人都知道，曾经有一个队友一次成绩和他齐平了，他就老把人家当成敌人一样看待，有事没事想挤对人家，很长时间都能看到他有意无意地给那个同学使坏。现在他的好朋友不仅赶上了他，而且超过他，队友们都为马宁捏了把汗。

李厚泽看见马宁就头疼，你比我强，你比我成绩好，我都落败了，我不想跟你一起训练，我不想跟你天天腻在一起，看见你我就难受。李厚泽每天都这样想，也疏远了马宁。马宁每次想主动地接近李厚泽，他都会迅速地逃开，两个好朋友之间的关系一下子变得很冷漠。

李厚泽倒是没有自暴自弃，他每天更刻苦地训练，比以前的训练强度要大很多，训练的时间也比以前长了。

教练把这些都看在眼里，也不说什么。等到第二次全组测验之前，才把他俩都叫到了办公室。教练严肃地看着李厚泽，他知道这个孩子的身体素质好，也很刻苦，他一心求胜，竞争意识很强，但是他也太争强好胜，这个特点迟早会影响他的训练成绩，所以教练打算借这个机会好好矫正一下他的思想观念……

＞＞给男孩的悄悄话 ＜＜

人的精力是有限的，虽然男孩子的精力很充沛，但是人无完人，他也不可能处处比他人强。争强好胜的心态是好的，能激励男孩们积极向上，但是这种好胜心过了头就会给男孩的生活带来一定的不便。

处处表现出比别人强的男孩，会遭到别人的厌烦。俗话说："枪打出头鸟"，如果在一个团体活动中，男孩子表现得过于争强好胜，就会把别人的热情给掩盖，一场热烈的团体活动如果只有他一个人

202

在表演，这场"独角戏"是唱不了多久的。只有你放低自己，让别人意识到你的长处时，才能共同进步，才能出现一团和气的景象。

所以男孩一定要知道好胜心要有，但是不能过度。如果你一直争强好胜的话，就会养成和其他人比的习惯，由于害怕别人超过自己而去努力，生活就会失去很多乐趣，因为一切的付出都是在一种压力的状态下进行的。这样的生活，即便自己成为最好的，甚至是唯一的，又能如何呢？你最终体会到的只是"高处不胜寒"的孤独和无奈。

英雄不只是打打杀杀

男孩具有冒险精神本身是个很不错的品质，但父母在看管和教育时要付出更多的精力。因此，青春期的男孩在冒险的同时要考虑自己的行为是否真的可以被称为英雄。

白元哲希望自己能够当个大英雄，能够像武侠小说里那样行侠仗义，打抱不平。当英雄是小白同学的愿望，为了当英雄，他还不断地锻炼自己，主动报了跆拳道的学习班，希望有一天在见义勇为的时候可以派上用场。

妈妈本来不把他当英雄的事情放在心上，但是，有一天白元哲的老师打来电话，说白元哲现在受伤住进了医院，让白妈妈赶往医院。白妈妈一听就慌神了，不知道儿子的情况严重不严重。如果儿子有个三长两短，她该怎么办呢？

到了医院，除了老师和同学们以外，还有警察，白妈妈一时弄不清情况。她赶忙去找医生了解情况，白元哲没有生命危险，但是他被歹徒刺伤了，现在正在止血处理。

警察向白妈妈说明了情况，他们告诉白妈妈，他们在闹市区抓捕歹徒，但是歹徒逃窜了，在逃跑的过程中，刚好遇见了白同学，白同学果断地和歹徒缠斗，但是等警察过来的时候，穷凶极恶的歹徒刺伤白同学企图逃跑，现在歹徒已经被抓获。正是因为白同学的见义勇为，他们才顺利抓获了歹徒。白同学是个小英雄。

英雄？白妈妈愣住了。自己的儿子真当了英雄。警察们给学校写了表扬信，赞扬白同学的英雄行为，并且号召大家在见义勇为的时候注意保护自己，注意采用智慧和匪徒周旋。

白元哲的英雄梦是实现了，但是白妈妈却忧心忡忡，她只是希望儿子能平安健康……

>> 给男孩的悄悄话 <<

一个刚刚学会走路的男孩，他喜欢从高的地方往下跳。他喜欢把自己藏起来，让全家人找不到他。他会尝试所有没吃过的东西，不管是否食物，甚至是药片，他都会往嘴里塞。他喜欢玩火，喜欢玩小刀。他会故意惹怒老师，看到老师很生气的样子，他会表现得很开心。

当男孩长大，有了自己的玩伴之后，他还喜欢一切富于冒险性的事物，他喜欢玩滑板，喜欢去郊外的山谷蹦极，喜欢在海上扬帆滑翔，甚至会热衷于飙车。有一位儿童心理学家说得好：任何一个男孩，在他小的时候一定或多或少受过外伤，如果一个男孩在小的时候没有受过伤，那简直是个奇迹。

男孩除了冒险之外，还有一股英雄情节，这一点让喜好冒险的男孩显得尤为可爱。男孩的英雄情结，不仅有利于他们男性气质的培养，更有利于他们尽快长成真正的男子汉。

任性不是个性

今天，我们生活在一个"个性化"的时代，几乎每一个成长在"个性化"时代中的孩子都会崇尚"个性"，尤其是青春期的男孩们，都以拥有鲜明的"个性"而自豪。但是，你在张扬个性的同时是不是把任性当成个性了呢？

梁长旭最近总是跟妈妈吵架，因为他每天花很多时间在服饰打扮上，那些衣服都是奇装异服。他认为自己是在追求个性，而且每次妈妈讲什么他都不听，他觉得这才是个性。

学校里开始风行赛车，很多同学都花费金钱和精力在赛车上，而好的赛车价钱昂贵，大家一般都玩普通赛车。但是梁长旭为了追赶潮流，甚至超过同学们，他决定买最贵的配件，自己组装赛车。他跟妈妈要钱的时候，妈妈没有给。他跟妈妈争吵起来，认为她根本不注意培养他的个性，而是在扼杀他的天分。妈妈被他气哭了，爸爸知道原委后把他约出来，在小区附近的茶餐厅和他谈心。

"儿子，你这不是个性，你这是任性。咱家的情况你是知道的，你的要求已经超出了我和妈妈的能力。更何况，个性不是靠昂贵的金钱代价换来的。个性是你自己有自己的魅力，有自己的优点，有自己的处世风格。而不是那些奇怪的衣服和昂贵的赛车能给你的。你这样任性地跟妈妈顶嘴，绝对不是一个有个性的好孩子。"

梁长旭低下了头。听着爸爸的话，他觉得自己脸上火辣辣的。梁长旭决定自己培养自己的个性，收起了那些奇装异服，开始向新的方向前进。

>> 给男孩的悄悄话 <<

"任性"与"个性"只是一字之差，二者的意思却差之千里。任性是一种不健康、不成熟的情绪，直接威胁着青少年成长和进步。然而对于思想和心智都不成熟的青少年来说，"任性"却常常被标榜为"个性"。

个性与任性之间的一个很重要的区别就在于，一个人的"个性"所包含的是合理的、正确的想法和行为，而任性则恰恰相反。成长中的青少年们缺少全面而理性地看问题的能力，常常会把一些不好的"任性"习惯当成"个性"来标榜。这时，多多听取师长们的意见和劝导是很有必要的。

要知道，真正长大的表现，是能够克制自己的任性情绪。任性只能说明自己还不够成熟，还需要不断打磨自己。我们可以说，先天造就了任性，后天的修养形成个性。个性是自我发展的需要，无论在学习中还是在以后的工作中，无论在家庭中还是在社会交往中，都可以尽情地发挥鲜明的个性，健康积极的个性会增加你成功的概率，会使你的人生更加精彩。要知道，顺利地做成一件事是不容易的，千万不能任性地要脾气，要知时识务地发挥自己的个性，利用自己的特长，发扬自己的长处，为自己的发展创造更广阔的空间。

男孩胆小怎么办

男孩大多是地地道道的"小冒险王"，他们表现得有英雄情节，并且攻击性强，我们印象中的男孩永远都是充满热情地去追寻自己想要的东西。但是生活中并不是所有的男孩都是这样的。也有很多家长抱怨自己的男孩并非如此，他们胆小、冷漠、孤独。你是这样的男孩吗？

李哲是个男孩子，但是他非常胆小：都6岁了还不敢一个人睡觉，一定要妈妈陪在身边才能入睡；7岁的时候还不敢坐转椅，也不敢打滑梯，他担心会从上面摔下来；9岁了他还不能主动和别人打招呼，和大人说话时总是羞羞答答的。

长大了，李哲的情况要好些。不过，在妈妈眼里他很"窝囊"，他在与人交谈的时候词不达意，而且面红耳赤；碰到老师不愿意打招呼，情愿绕道而行；在公共场合很少发言，即便是碰到了自己了解的话题，也轻易不发表言论；平时学习成绩挺好的，可是一到考试就砸锅……

就是这样一个看上去很胆小怕事的男孩，后来迷上了玩滑板，他很喜欢在空旷的广场上驰骋的感觉。有一次，妈妈看到李哲站在滑板上飞驰的样子，第一次感觉到儿子居然这样的帅气。妈妈因为惊讶所以惊喜，狠狠地夸奖了儿子。李哲得到了妈妈由衷的赞赏，对自己也燃起了信心，后来也就不再是个"窝囊"儿子了。

>> 给男孩的悄悄话 <<

李哲似乎比同龄的女孩还要胆小，一个小男孩怎么会那么胆小呢？

其实对于男孩而言，胆小并不意味着软弱，男孩会从其他的方面找到自己释放能量的突破口，不必过多担心。很有可能，男孩看似胆小的原因是没有发现让自己真正感兴趣的事情。事实上，男孩所谓的胆小，是完全可以克服的。

许多男孩都爱看海明威的《老人与海》，主人公桑提亚哥独自出海第 85 天，才钓到一条大鱼，并与它较量了 3 天。虽然鲨鱼最终把鱼肉吃掉了，但书中那句"一个人可以被毁灭，但他永远不会被打败"却刻骨铭心，令人难忘。

畏惧虽然阻碍着人们力量的发挥和生活质量的提高，但它并非不可战胜。只要青少年朋友能够积极地行动起来，有意识地纠正自己畏惧胆小的心理，那它就不会再成为我们的威胁。

勇敢的思想和坚定的信心是治疗胆小畏惧的天然药物，勇敢和信心能够中和畏惧思想，如同化学家通过在酸溶液里加一点碱，就可以降低酸的腐蚀力一样。

忍耐，是走入社会的通行证

对于苦难，任何人都会有一种不由自主想要逃避的心理，殊不知，经历了苦难之后生活才能更甜。

正奇是高一的学生，今年暑假他和爸妈商量了之后，决定暑假的时候到小区附近的餐馆打工，勤工俭学，他在暑假赚的钱由自己支配。

开始的几天，正奇热情高涨，每天热情地招待客人，给客人拿菜单，递茶水，忙得不亦乐乎。觉得自己虽然每天都比在学校累多了，但是还可以，至少还有钱赚，而且大部分客人对他的服务都很满意，没有刁难过他。

但是有一天他一不小心，把茶水倒到了一个客人的衣服上。那个中年女人尖叫着站起来了。大声嚷嚷："你怎么回事，没看见烫着我吗？"正奇连忙道歉，但是那个女人还不依不饶，拿起了一杯热茶就泼到了正奇的脸上，正奇的脸被茶水烫得火辣辣的疼，他从小都是泡在蜜罐子里长大的，哪受过这样的委屈，他攥着拳头，怒气随时都会爆发，脸都被憋得通红。老板赶忙过来调解，拉开了正奇。

正奇跟老板说他不干了，老板也没有生气，拉他坐下："正奇，我知道你受委屈了。但是这事忍一下就过去了，社会不是学校，谁让你受委屈，你可以找老师，老师让你受委屈，你可以找校长。到了社会，受了委屈，要学会忍耐呀！要不没法生存。"

正奇答应老板，自己先回家想想，然后再决定要不要继续做服务生。他受了这么大的委屈，要掂量下自己是不是要继续下去，下次遇到这样的情况要怎么办，发怒能不能解决问题，适应社会真的要这样忍耐吗？

>> 给男孩的悄悄话 <<

男孩子自小应该有意识地接受艰难困苦的磨炼，要敢于面对挫折，不怕失败，以培养坚忍不拔的意志和毅力。在逆境中千锤百炼成长起来的男孩更具生存竞争力。

让自己的心理上经得起挫败，关键就是要能"缩小"自己，不要有唯我独尊的意识，在看问题的时候能够从别人的角度来看，那么就不会轻易被一件小事情打败了。

然而现在很多家庭，家长不舍得孩子吃苦，他们动辄"宝贝宝贝"地叫着，恨不得为孩子做一切。在这样的教育下，男孩们好吃懒做、娇气任性，还缺乏责任心、感恩心。很多事情男孩们都没有经历，不知道生活还有不如意的一面。男孩会以为很多东西从来都是像天上掉下来的一样容易，不需要费一点心力，如此，他怎么有能力去承担生活中的各种考验呢？

　　现在的男孩，尤其是一些家境优越的男孩，从来没有认真努力过，总认为一切都不用愁，自有父母安排。这样的男孩缺乏危机的意识，相信当真正的困难来临的时候，他们会被彻底打败。在任何情况下都保持着高度的警惕，才能更好地掌握自己的命运。

成为一个处处受欢迎的人

善于倾听益处多

知道人为什么长了一张嘴巴却有两只耳朵吗？那是在告诉人们：要多听听别人在说什么。可青春期的男孩常常忽略这一点，习惯了让对方听自己的滔滔言语，而没有学会倾听。其实，善于倾听益处多。

窦鹏在小组里很少发言，他的笔总是不停地在自己的本子上记录着什么，同学们在争论得不可开交的时候，他总是保持着急速的书写。所以大家都叫他"记录员"。他对这个称号也不抵触，同学们叫他"记录员"的时候，他都应着。

小组讨论结束之后，每个人都要写总结和报告，报告小组讨论的内容，还要在讲台上宣读小组讨论的内容和主要观点，还要面对其他组同学的提问。这是一项艰巨的任务，刚才大家光顾着争论了，等讨论结束的时候才发现，自己都忘记了别人说的是什么。

很快就到窦鹏的小组发言了，大家你一言我一语地商量谁该出马去讲台上发言，让发言最多的姜同学去？他除了坚持自己的观点以外早忘记了别人说的什么了，更别提让他评论别人的观点了。那别人呢，基本情况都差不多。这个时候，窦鹏小声地说，"那我来吧。"他的声音很小，但是所有的小组成员都像看到了救星。他们点头如捣蒜。

窦鹏拿着那个黑色的笔记本上台去了。其实大家虽然觉得解决了上台出丑的尴尬，但还有点幸灾乐祸，因为他们觉得小组里实力最差的就是不爱说话的窦鹏了。他们不太相信窦鹏能说出什么惊人的观点和论述来。

窦鹏开始陈述小组里讨论到的几个主要观点，并且对每个观点都做了自己的评价，评价都很中肯到位，同学们在台下频频点头……

小组成员们开始对这个沉默的男生刮目相看了，原来多听比多说更能表现自己。

>> 给男孩的悄悄话 <<

每个人都有一种渴望别人尊重或重视自己的愿望，而受到重视的最基本条件是愿意认真地倾听，所以当你自认为是理解朋友的时候，先得问问自己："我能专心地倾听朋友的话吗？"即使是一些平淡无奇的庸人之语，对说的人来讲，可能也是重要的。

愿意倾听别人，就等于表示自己愿意接纳别人，承认和重视别人。如果你能面带微笑，用一种专注而又迫切的眼光看着他，那会让人感觉你是欣赏他的。在这种氛围里，对方会充分地展现自己。如果你能善于让别人在你面前有一种强烈的表现欲，那你定能主动、积极地做个好朋友，做个好领导。如果一个职员向你这个经理提建议，即使开始还有点紧张，但你的倾听会使他马上感到放松和自信。倾听是一种无言的信任。

如果想要更好地表现自己，那就不妨静下心来仔细聆听吧，你一定会有意想不到的收获。

学会赞美他人

有人说："良言一句三冬暖，恶语伤人六月寒。"我们要学会适时地给他人一句赞美。因为赞美的力量是无穷的。

李彬去办公室交作业的时候发现了大家的字帖，最上边的是小飞，他的钢笔字刚劲有力，真的很漂亮，不像自己的，歪七扭八，那些字好像都喝醉酒了一样。

李彬兴冲冲地跑到小飞跟前说："小飞，你的钢笔字真漂亮。我去交语文作业的时候看见你的字帖了。真好看！"

小飞听着李彬的夸奖很高兴。来了新学校之后，他觉得自己处处不如别人，学习跟不上大家的进度，体育也不行，音乐课是让他最头疼的课了，他唱歌就跑调，被同学们笑了好几回了。他觉得自己一无是处。

现在被李彬这么一夸，也觉得自己的钢笔字挺好看的，并且开始有了点信心，毕竟自己也不是一无是处的。

小飞很快和李彬成了好朋友，因为他觉得李彬人很好，能发现他的优点，还经常和他聊天。李彬也发现，虽然现在小飞成绩不好，但他还是很刻苦的，爱学习，也很谦虚。受到表扬的时候，就会腼腆地笑。

小飞在日记里写下，是李彬的赞美点燃了他对新生活的向往，也点亮了他的希望，从李彬那里，他开始得到认同，他开始学着融入这个班集体。虽然他没有当面感谢李彬，但是在他心里李彬真的是他很重要的好朋友。

≫ 给男孩的悄悄话 ≪

男孩们，当你得到父母、老师、朋友的一句赞美或表扬时，心底一定非常开心、欣慰，浑身似乎积聚了许多力量吧！

赞美就像浇在玫瑰上的水。赞美别人并不费力，只要几秒钟，便能满足人们内心的强烈需求。看看我们所遇到的每个人，寻觅他们值得赞美的地方，然后加以赞美，并把赞美他人变成一种习惯吧！

赞美别人是一种境界、一种涵养、一种素质；赞美别人是对别人的一种肯定、一种理解、一种尊重；赞美别人，既是一种给予、一种馨香，又是一种沟通、一种祝福。赞美是对他人的认同，是对他人成绩的肯定和称赞，容易引起彼此的共鸣。

每个人都喜欢听赞美的话，被赞美时心情会自然地轻松起来。如果说得好，会有利于双方的下一步交流。可如果说得不好，则会适得其反。恰到好处的赞美与违心的拍马屁，往往只有一步之遥，要让赞美的话在别人听来不是令人反感的拍马屁。

经常真诚地称赞他人的人，也一定经常得到他人的称赞。如果你想成为一个受欢迎的人，那就不要吝啬自己的称赞，带上自己的真心，收获对方的真诚。

做个幽默的男孩

在社会生活中，幽默是无处不在的。幽默是语言的润滑剂，如果你善于灵活运用，必将为你的生活带来无穷的轻松和乐趣。从现在起，做一个幽默的男孩吧。

接待美国中学生交流团的任务结束了，浩南同学作为学生代表，也长出了一口气。由于这次是两个学校的联谊，两个学校为了锻炼学生们的社交能力，决定学生们的工作都交由他们各自负责，包括联系外界，以及各项活动安排都由学生自己完成，老师们除了必要的协助外，基本不插手此项任务。

外语水平较好的浩南接到的任务是接待美国中学生交流团。作为队长的他，还有 10 个英语口语较好的队员，将负责美国中学生的基本接待和交流，以及美国学生来了之后，各项活动的陪同。浩南虽然英语水平高，但是这么正式接待外国学生还是第一次，到目前为止，他还从来没有和外国人说过话呢。

现在是个很好的锻炼机会，当然也面临着巨大的挑战。他们 11 个人开了个小会，会议决定，为了展现中国学生的风采，他们将全力以赴做好接待工作。

美国学生们来了。浩南带着大家去迎接，安排 30 个学生的住宿，对方的负责人也是一个学生代表，为了来中国，还专门学了几句汉语，和浩南他们见面后，听到了浩南流利的英语，松了口气，也开始用英语进行交流。队员们语言关基本通过，但是还是有些拘谨，不好意思和那些外国学生打招呼，那些美国学生倒是很热情，但是队员们都还处于人家问一句，他们回答一句的紧张状态。

浩南为了鼓励大家，首先带头给其中一个美国同学讲起了自己在准备这次接待活动中的一些趣事，逗得那些美国学生哈哈大笑，两方之间的气氛一下子从很严肃变得轻松了许多，两拨人聊起了各自的学习和生活。在浩南的带动下，其他同学也和那些美国来的同学们打成一片，很快成为朋友。

后来有个美国同学还写信给浩南，说他是幽默的男孩，跟他聊天轻松又有趣，和他们听说中国学生都很拘谨的印象一点也不一样。

>> 给男孩的悄悄话 <<

你是一个像浩南那样幽默的男孩吗？

幽默常会给人带来欢乐，其特点主要表现为机智、自嘲、调侃、风趣等。一般，一个人的幽默能力和其智商成正比关系。

幽默是人际交往中的磁石，可以将你周围的人吸引到你身边来；幽默也是转换器，可以将痛苦转化为欢乐，将烦闷转化为欢畅。每个人都喜欢与机智幽默的人做朋友，而不情愿与忧郁沉闷、呆板木讷的人交往。

幽默可以缓解冲突。人际交往中，磕磕碰碰在所难免，遇到棘手的问题或尴尬的场面，恰当地运用幽默，能产生神奇的效果。

正如拉布所说，"幽默是生活波涛中的救生圈。"幽默能够营造一个轻松、诙谐的谈话和交往氛围，能让人在紧张的环境中得以放松，能愉悦人的心情，也能够抚平生活中出现的波涛和褶皱。既然幽默有这么多的好处，何不学着成为一个能带给身边人快乐的幽默大师呢？

设身处地为他人着想

换位思考是人对人的一种心理体验过程。它客观上要求我们将自己的内心世界与对方联系起来，站在对方的立场上体验和思考问题，从而与对方在情感上得到沟通，为增进理解奠定基础。

杨博超是高一（2）班的体育委员，他现在正在苦恼。现在是运动会报名的最后一天，体育老师又催他了。别的班报各项比赛都是异常火爆，只有他们班冷冷清清，没人愿意参加运动会。体育老师把他猛批了一顿，说他的动员工作没有做好。他是哑巴吃黄连，有苦说不出。他们班是实验班，也就是全校成绩最好的同学组成的一个班，虽然现在不过是高一，但是大家都拼命挤时间学习，谁都不愿意参加这种浪费时间的活动。他非常理解，但是运动会还是要有人报名，他磨破了嘴皮子，也劝不动大家。

他只好硬着头皮又站到了讲台上，"同学们，咱们班运动会的名额还有好多，请各位踊跃一些吧，否则咱们班就会被取消参加运动会的资格。我知道，大家都是为了珍惜学习时间。即使我们不参加项目，开运动会的那几天，大家也都要坐在操场看台上，与其看着别的班的同学在那里拼搏，还不如咱们也为自己的同学加油呢。希望大家能够再考虑考虑。"他为难地看着大家，只有很少的几个人抬起头看他。

这个时候，已经报名的一个男生站起来了："其实博超每天被体育老师批，就因为咱们班不积极。大家就稍微停一下，尊重他一下，为了班里的荣誉，也为了咱们自己锻炼身体，咱们就支持一下他。即使最后咱们班在运动会上拿不到好成绩，至少咱们努力了。"

博超就差眼泪汪汪地感谢他了，大家也被博超和那个同学的话触动了，他们突然发现，讲台上的体育委员，不是在为了显示自己而强迫他们。他也很理解大家抓紧时间学习的心情，他至少看起来也不那么官僚，感动开始在班里蔓延。

>> 给男孩的悄悄话 <<

换位思考的实质是对交往对象的切身关怀，深入对方的内心世界。它是一种理解，也是一种关爱。建立在换位思考基础上的相互理解和关爱能够很好地促进彼此间的团结与合作。

立场不同，所处环境不同的人很难了解对方的感受；因此对别人的失意、挫折、伤痛，不宜幸灾乐祸，而应持关心的态度。

只有理解他人，才能与人为善。如果我们不懂得欣赏他人，就难以接纳和理解他人，更谈不上奉献爱心。青春期男孩在与人相处时应增加了解，增进理解，少点误解，多点谅解，多一点友善，多一份爱心。

人与人要和谐相处，最重要的是学会相互体谅和适应，每个人都从对方的角度去考虑问题。比如为了让别人听清楚你的声音，不妨提高说话的声调；为了不让对方伤到，递给他剪刀的时候可以把把手那一边冲向他；当对方总是脾气暴躁对人苛刻的时候，想一想是不是他最近工作压力太大……

别人之所以和你观点不同，一定有他的原因。找出那个隐藏着的原因，你就拥有了解释他行为或者个性的钥匙。试试看，真诚地使自己置身于别人的处境里："我要是处在他的情况下会有什么感觉？会有什么反应？"

乐群，做人之本

多与优秀的人交朋友

古人说："近朱者赤，近墨者黑。"如果青少年想成功，那就要少接触平庸之辈，多跟杰出者交往。多与杰出者、成功者交往，你不仅能在做事、做人方面获得收益，而且在人生的关键路口也会赢取助力。

雨轩是个爱上网的孩子，他已经初三了，但是每天还是放学之后先打开电脑上网，爸妈自然担心这样下去会影响考学，影响孩子未来的前途，于是试探性地问他："雨轩，你最近是不是经常上网呀？"

雨轩边吃水果，边跟爸妈在客厅里聊天。"是呀。"他倒是坦然回答。妈妈首先皱眉头了，"你这样每天花时间在网上，哪有时间复习功课呀？马上就中考了。"妈妈的唠叨功夫又见长了。爸爸还好些，不那么着急，他问雨轩，"你在网上都干什么呀？""认识了好多朋友，我们很聊得来。"

"朋友？网上的人多不可信！"老妈气呼呼地站起来。"真的是很多朋友，他们人很好的。"雨轩还是不急不慢地说话。"什么朋友呀，能跟我们简单说说吗？"为了防止家庭战争的爆发，老爸从中斡旋。"真的不像你们想象的那样，他们都是一些大学生，我们在申雪和赵宏博的博客里认识的。我们都是喜欢申雪和赵宏博这对世界冠军的。他们还让我好好准备考试，别在网上耗费太多时间，有个姐姐还给我讲学习方法。我遇见了难题，他们都会帮我解答，比学校的老师讲解得都详细呢！""还有么？"妈妈也来了兴趣，刚才的怒火已经熄灭了……

雨轩的话让爸爸妈妈放心了。

>> 给男孩的悄悄话 <<

古人说到立志、立身时无不谈到择友。朋友间的相互影响是无形而巨大的。多与杰出的人交往，不仅对自己心智有益，也会使生活充满乐趣。与杰出者交往也会快速地学到一些方法和经验，快速地成长。而且通过与杰出者的交往，你会快速地结交人脉，这是与一般人交往所得不到的。当然，事情的另一方面是，要与杰出的人在交往中产生精神的共鸣，撞击出心灵的火花，必须有充分的个人修养作为基础，这就要求自身时时修炼、时时完善。

与杰出者交往时，青少年应注意以下方面：

1. 应保持谦逊、谨慎，自大、骄傲会适得其反。

2. 多向杰出者请教、询问，用他们的智慧和经验来促进自己的成长。

3. 应自尊自爱，不恭维奉承。

4. 多了解杰出者的事迹、成就，顺利交往的可能性才更大。

在很多时候，选择对了一个同行伙伴，自己往往也能走得更远。因此，试着与杰出者为伍，你一定能够收获更多。

对手也许是你明天最好的朋友

常言道：不打不相识。人与人之间的友谊可能就是因为争斗而发端。而且友谊还会在不断的争斗中得到巩固，不断加深。所以，善待你的对手，对手也许是你明天最好的朋友。

易晨是实验班的尖子生，但是他总是在发愁，因为第一排那个长得像豆丁一样的小女孩学习也很好，考第一的概率和他平分秋色，作为一个堂堂男子汉，他很不服气。那个小丫头片子怎么回事，老跟自己过不去。

高三的考试又多，每次看排名都能看见那个不想看到的名字，张小小。他总是对她充满了敌意，任何时候都不忘记和她作对。张小小看起来似乎平静如水，对易晨的挑衅全然不在意的样子。他以为高三就会跟这个小姑娘一直敌对下去，直到一个偶然的机会，这对冤家化干戈为玉帛了。

参加物理竞赛，初赛只有他们两个通过了。作为学校的代表去别的城市参加比赛。到达了指定地点，发现来自全国各地的尖子们会聚在一起还是件很让人兴奋的事情。易晨光顾着兴奋了，却把自己的代表证弄丢了。正在他满地乱转的时候，张小小来了。弄清了怎么回事，张小小二话没说，埋头就帮他找代表证。

易晨气呼呼地说："你是来看我笑话的吗？我不要你的施舍，我大不了不参加了。"他还在维护着自己的自尊心，张小小轻声地说："这次咱们都代表学校，要互相支持！"

找了半天，张小小在一个旮旯里摸出那张沾满尘土的证件。望着小小额头上的汗水，易晨突然觉得自己以前那么对这个小姑娘是有点过分了。易晨有些不好意思了，张小小却大方地笑了，把证件塞到了易晨手里。从那一刻开始，他们就成为朋友了。

>> 给男孩的悄悄话 <<

友谊的形成是一个方面，友谊的持续又是另外一方面。维持友谊往往比友谊的形成更加困难，因为这是一项长期的工程，需要精心呵护。人与人相处，难免会发生各种各样的摩擦。因为每个人的性格不同，处世的方法不同，因而在同一件事的认识上会发生这样或那样的偏差，误会就会随之而产生。但是误会总是会消除的，在一番明争暗斗之后才会发现友谊的可贵，曾经失去才会倍加珍惜。互相包容，互相理解，容忍对方的小毛病，使小的争斗不至于扩大，不至于动摇友谊的根基。所以争斗其实也会有它积极的一面，条件是争斗之后妥善处理误会，吸取教训，修补裂痕，使友谊更加坚固。从争斗中吸取教训，学会宽容。每个人都会有一些缺点，如果互相抱怨，互相指责，无法忍受对方，友谊就无从谈起了。

另外，在这样一个"物竞天择，适者生存"的社会，彼此之间的竞争无处不在，即使是再好的朋友也可能会发生竞争。而竞争既可能是良性的君子之争，也可能是使用阴谋诡计互相陷害，而我们要做到的就是在竞争的时候始终不要忘了做人的基本原则。这样才能在争斗过后，还能保持友好的关系。如果使用不正当的手段，就会让对方不齿你的行为，再也不会信任你，而友谊也就会荡然无存。因此保持友谊的竞争应该是良性的竞争。而且在竞争中双方能够互相学习共同促进能力的增长，这样的竞争何乐而不为呢？

所以，青春期的男孩们，学着用宽容的心态来看待朋友间的矛盾，你会发现自己的人脉会越来越宽、越来越广，那应当是一件让人十分羡慕的事情。

别紧张，和老师成为朋友

你的老师严肃吗？见到他的时候你是不是很紧张，不敢和老师接近，其实我们在学习过程中很重要的一点是要和老师做朋友。

下课以后，历史老师叫他，"泽明，跟我到办公室来一趟。"肯定又是一顿狠批吧，泽明心里想，因为他没有给出老师要的答案，他上课在走神。他不知道自己怎么了，马上就要考试了，自己却怎么也振奋不了精神。反正先做好被老师劈头盖脸狂训的准备。

历史老师手上端着一杯热水，递给他："最近不舒服？"本来指望被老师一顿暴训的泽明没想到，第一句迎来的居然是老师的关切。他有点受宠若惊了："哦，也没什么，就是总没有精神。"

"心里有什么事，可以跟老师聊聊。你现在压力挺大的吧？"老师丝毫不提课堂上的事情。"嗯，有点吧。总是担心考试考不好。"历史老师点头："别想那么多，你的成绩挺好的，只不过现在状态不好罢了。"

历史老师耐心地给他讲了放松和调节心情的小办法，还分享了自己当年做学生的经历和感受。他竟然说自己因为怕考不好，每次考试都必须吃糖果的糗事。泽明开心地笑了，觉得历史老师很可爱，一下子，他们仿佛不是师生而是朋友。

>> 给男孩的悄悄话 <<

其实我们从小到大，都是老师教给我们知识，给我们讲生动有趣的故事，与我们一起关注学习成绩。老师的严格要求是为了帮助我们更好地学习，提高我们的学习成绩。所以我们有什么问题老师都会帮助我们的。

而且上课回答问题的时候，老师就是你的朋友，面对她你还会紧张吗？而且你放心，老师也不会徒增你的学习压力，她更了解你的学习情况，及在班级中的排名。让老师帮你制定一个计划，将更能帮助你循序渐进，一步一步取得成功。

每天多和老师沟通，把自己的疑惑和老师沟通，甚至其他学习以外的问题都可以和老师沟通，学习上的任何困难她都可以帮你解决，你学习中每一个进步，老师都会为你感到高兴。

不要仰着头去看自己的老师，把自己和她放在同等的位置上，敞开心扉，做好朋友，你会得到巨大的进步和美妙的体验。

善待他人的批评、忠告

忠言逆耳利于行。对于别人的意见，心胸狭隘的人可能会把它看成是包袱，而心胸宽广的人则把它看作是提高和充实自己的机会。

高一（2）的全体同学利用周末的时间，到市里的夕阳红养老院去看望那里的爷爷、奶奶，并帮助那里的工作人员打扫整个养老院的卫生。

全班同学干得热火朝天，不怕苦不怕累，洒水扫地，擦窗户，倒垃圾，忙了一个上午。可王文却发现人高马大的李琛根本不动手打扫卫生，上午只陪着爷爷在下棋。大家干得那么累，可他却在树荫下乘凉，王文对李琛很有意见。

在回来的路上，心直口快的王文忍不住说了李琛几句。李琛认真地听着，并没有反驳，当王文数落完后，李琛只是轻声地说道："好的，下次我一定会注意的。"

在一旁的班长吴健听到了他俩的谈话，忙跟王文说："你还不知道吧！昨天傍晚我和李琛几个在打球的时候，李琛不小心摔着了手，我劝他今天不要去养老院了，在家好好休息，可他还是坚持来了，陪爷爷下棋，陪奶奶聊天。"王文听后，低下了头，不好意思地说道："对不起，我不知道情况。"李琛笑着说道："没什么，不要放在心上。"王文和李琛会意地笑了笑，高兴地回学校了。

>> 给男孩的悄悄话 <<

对于批评，我们应有一份冷静、一份坦然，不必因为其猛烈、苛刻而终日忧虑不堪。生活中，青春期男孩面对批评时，可以按下面的原则去处理：

1. 不要跟一个感情冲动的批评者争论。因为有时对方前来，只不过是要发泄一下不满情绪，此时你若与之相争，则会使问题变得更糟。

2. 尽量使来者坐下面谈，这样可以大大缓和紧张空气。

3. 别表现出强烈的厌烦，更不要愤然拒绝批评而离去，这会显得你没有肚量，即使是"过分"的指责，你也应耐着性子听。

4. 无论如何别打断对方的讲话，相反要鼓励对方把话说完，这可以更有效地使对方变得平静，而你也可以心平气和。

以一颗平常心对待同学间的竞争

竞争无处不在，我们的学习中也充满了竞争，它就像是把双刃剑，用好了利人利己，可以大大促进自己的学习；用不好则会误人误己，不仅会阻碍自己的学习，还会影响到同学之间的感情。因此，对于竞争我们要有一个清醒的认识。

金佳拿着地理试卷，怒气冲冲地跑去办公室，他的成绩少加了两分，所以他的排名从年级第一落到了第二，他直接拿着地理试卷找老师们去了。

他成绩一向名列前茅，所以老师们都认识他。负责核分的老师给他又核对了一次分数，确实少加了两分。他的成绩被修改了过来，但是总成绩排名不再修改，他为此还是耿耿于怀。

班里一直排第二的那个女生的名次也凑巧排到了他前面。那个女生知道了金佳是因为少加了两分才成为第二之后，想安慰他一下，她轻声地说："你别这么生气了，大家都知道你学习最好了。"金佳本来正在生气，结果看着一直是自己手下败将的女生居然跑过来挑衅，直接怒发冲冠，张嘴就来："您是站着说话不腰疼呀。得了第一就得了，还在这儿显摆，想看我笑话不是？"女孩本来是出于好心，当场眼泪就掉下来了。

等他气消了之后，反省自己，也觉得自己把成绩看得太重了，为了那个分数和名次，还伤了同学的和气。他想明白了这些，决定和女孩握手言和，他希望以后他们可以在竞争中共同进步，而不是像自己这样伤害别人。

>> 给男孩的悄悄话 <<

同学之间的良性竞争能激发强烈的成就感和进取心，促使男孩顽强拼搏，同时也会给男孩带来快乐，注入新的活力。这是一种积极的活动，所以不能采取在学习中恶性竞争、破坏同学之间友谊的不良行为。

在一个班级里，学习成绩、文体比赛、劳动竞赛，甚至课余爱好，都会使同学之间产生竞争。但是在学生的心目中，最普通也最"残酷"的还是学习成绩上的竞争，也就是在考试分数上比高下。以正确的心态面对竞争，本来是一件很有益的事，但有些男孩为了实现这一目标，使用的却是消极竞争的策略。比如有的男孩为了麻痹自己的竞争对手，就在班里故意不学习，装出一副很轻松的样子，但是回家后却加班加点"开夜车"；有的男孩把学习上的竞争泛化到与同学的一般交往上，不仅在心理上嫉妒对方，而且还会表现出轻视对方的各种言行，甚至有时会在背后诋毁别人。这种消极竞争的做法，其实是一种心胸狭窄、不会学习的表现，是我们学习路上的"拦路虎"，它不仅使男孩无法获得真正的友谊，而且也无法吸收、借鉴别人的长处，另外它还会影响男孩的身心健康。

积极的竞争应是在一种友好的氛围中进行的，它能够实现自己和同学成绩的共同提高，而不是自己上去了，却把同学踩下来。因此会学习的同学必须彻底抛弃这种狭隘的消极竞争，学会积极竞争。

放低姿态，多向别人学习

俗话说：尺有所短，寸有所长。任何东西都不是完美无缺的，就算世上最美的玉石也有斑点，我们每个人也同样有这样或那样的缺点。所以，我们要放低姿态，多向别人学习。

耀祖今年暑假要回姥姥家过。姥姥家不在他们居住的这个城市，而是在一个很偏远的小山村里。那个村子到现在还没有通公共汽车，也就是前两年刚有了电视。可以想象那个地方和耀祖从小长大的城市环境是多么的不一样。

耀祖的心里不是那么想去，但是妈妈坚持要耀祖回姥姥家陪陪姥姥，他只好同意了。山村的生活很简单，每天都是日出而作，日落而息，简单而且安详。耀祖没有了小伙伴，没有了电脑，除了照顾姥姥的起居就是坐在院子里发呆。每天早晨都能听见远处传来悠扬的笛声，他决定去看看究竟。

到了山坡上，他看见了吹笛子的老人，那是一个干瘦的老爷爷，枯瘦如柴，他和那个老爷爷攀谈起来。老爷爷说的是方言，耀祖只有很认真地听，才勉强听明白80%，但是他觉得老爷爷是个很有意思的人。他的脑子里装了很多古老的传说，除了女娲补天是耀祖听过的，其他的都是他之前闻所未闻的传说和故事。

以后每天耀祖安顿好姥姥之后，就去山坡上听老爷爷讲故事。

一个暑假过去了，耀祖的小记事本里写满了各种各样的神话和传说。他心满意足地收拾背包回城了。他要把这些故事都整理出来，让大家知道，原来大山里还藏着那么多美好的传说。

回到家里，妈妈问他最大的收获是什么，耀祖拿出了自己的小本本，谈起了这些故事的来源。看着儿子眉飞色舞的讲述，妈妈会心地笑了。

>> 给男孩的悄悄话 <<

每个人的知识体系都不可能非常完备，再优秀的学生也会有许多缺陷，我们要想让自己的知识丰富、学问过人，就必须放低姿态。像耀祖这样，全面吸纳知识，才能使自己的学问达到一个新的水平。男孩子们要注意纠正自恃才高、不屑于问，或者害怕麻烦别人而不好意思问的坏习惯。

我们只有正确认识到自己的缺点，发现别人的优点，才能不断地向别人学习，弥补自己的缺点，发挥自己的长处，取得更大的进步。在学习中，我们越能发现别人的优点，就越能虚心求教，向别人学习。

对于学习做学问而言，如果说"学"占了50%的话，那么另外50%就是问。其实在我国几千年的文化发展史中，许多大学问家对于"问"早就给予了足够的重视。孔子的"不耻下问"，大家想必都非常熟悉，后来还有"有疑而不问，非真能好学者也"等都是对"问"的重要意义的论述。

拥有良好心态

抛开狭隘，心底无私天地宽

生活中，有些男孩听到师长的几句批评就无法接受，甚至发火、痛哭；只爱交与自己一致的朋友，而容不下比自己优秀或与自己意见有分歧的人；遇到一些得失、委屈，生活、学习上的一点失误，便耿耿于怀，斤斤计较而日夜不安。这都是狭隘的种种表现。

邹涛被班主任拎到办公室去了。因为今天政治老师讲课的时候，他睡觉被发现了。政治老师要他认真听讲，并且说为了让他提神，要他站 3 分钟再坐下。他不服气，直接坐下了，还一副傲慢的样子。坐下之后，趴到桌子上继续睡。下课，政治老师提醒他以后不要睡觉，他站起来直接跟老师说："你管得着吗！"

于是，现在他就被班主任拎过来继续接受教育。班主任知道，邹涛是个爱斤斤计较的男生，他就是嫌政治老师上课让他站着，让他在同学们面前丢面子了，是诚心报复老师。

于是就说："政治老师讲课好不好，不是你说了算的。你作为学生，上课睡觉，自然是不符合作为一名学生的规范的。下课老师劝你，也是为了让你在课堂上收获更多东西，她如果是为了让你出丑，可以直接让你站一节课，还可以当着全班同学的面挖苦你呀。"

邹涛还是把脸扭到一边，显然还是不服气。"男孩子，已经这么大个子了，还这么小气，让同学知道了才笑话你呢。"班主任打趣他，"心胸开阔点，已经是大人了，还跟个小朋友一样。"邹涛有些不好意思了，被老师这么一说，好像自己真的有点小家子气。他心想，算了，这样再跟老师置气显得自己好像太计较这些。

班主任看着他不那么倔了，就趁热打铁地说："咱作为一个男子汉，要想不让老师再当着大家说咱，就表现得像个男人。"邹涛乐了，班主任真有幽默感，"那怎么做才像个男人？"

"不跟女人一般见识，让她看看一个优秀的男人是怎样由上课睡觉，变成最勤奋、最优秀的学生的。"邹涛知道，班主任又给他下套了。

>> 给男孩的悄悄话 <<

狭隘是心胸狭窄、气量狭小的人格表现。狭隘也常常表现为吝啬小气，吃不得亏，否则心里就不平衡，就会想方设法弥补"受损"的利益。于是便会产生报复的心理。

报复指在社会交往中有些人欲以攻击方式对那些曾给自己带来

伤害或不愉快的人发泄不满。报复心理、行为不仅会对他人造成威胁和伤害，而且有害于自己的身心。一位名人说："为你的仇敌而怒火中烧，烧伤的是你自己。"

有报复心理的人一般心胸狭窄，易受情绪影响，且恶劣心境的作用强烈而漫长。所以要加强自身修养，开阔心胸，提高自制能力，让自己在阳光雨露下生活。

实际上，忘记仇恨、抛弃狭隘是爱他人、爱世界的一种方式。在现实生活中，你千万不要拿显微镜看周围。人人都有不足，事事都有缺憾。但是瑕不掩瑜，只要我们心胸宽广，不刻意追求完美，我们就会从中发现生活的美好。

为什么忧郁笼罩我的生活

根据世界卫生组织等的研究发现，平均每一百人中就有 3 人罹患忧郁症，其中因为忧郁症所带来的身体疾病，甚至自我毁灭的例子比比皆是。继癌症、艾滋病后，忧郁症已成世纪三大疾病之一。

张奕男患了严重的抑郁症，整天都感到心烦意乱，无精打采，注意力分散，精力不集中，干什么事情都缺乏兴趣。

那还是在他刚记事的时候，妈妈在一场意外的车祸中不幸死亡，从那时候起张奕男就开始了和爷爷奶奶在一起的生活。每当张奕男看着别的孩子和爸爸妈妈在一起欢乐的样子，他不知道有多羡慕。

然而他逐渐地意识到这一切对他来说，永远是不能实现的。于是他开始有意地封闭自己，到了初中，凡是认识他的人都会说张奕男是个性格内向、文静、不爱交际的孩子。的确，这时候的张奕男已经变得不愿意出头露面、孤僻、倔强。但是在张奕男心中，他的理想不会改变。

马上要升高中了，张奕男满怀希望地准备考重点高中，可是由于考前复习时用脑过度，常有头痛、失眠、恶心、食欲缺乏的感觉，在参加考试时又因心情紧张而出现心慌、脸色苍白、记忆力下降等症状，发挥不好，只进入了一个普通高中，张奕男感到失落、烦闷。看着那么多的同学都步入了理想的高中，他深深地感到自卑、失望，心情极不舒畅。久而久之，他开始有了失眠、健忘、思维能力下降、多梦、腰酸、脖子疼等症状。

>> 给男孩的悄悄话 <<

当青春期男孩在学业上退步，或与朋友吵架、和家人冲突，都很容易有疏离感而导致忧郁。多数忧郁的男孩，或多或少会在言语、行动上流露蛛丝马迹，例如觉得"我觉得没什么未来""生活不可能好起来了"；严重的甚至有"活着不值得""我不会再烦你了""没有我，你们会过得更好""我很希望一觉就不再醒来"。所以当男孩们突然写信、把心爱的东西送走、告诉朋友师长绝望想放弃的感觉、有自伤的行为、对药物或武器的来源突然感兴趣等状况，就有可能走入自我毁灭的歧途。

抑郁症在西方社会被称为"精神上的流行性感冒",其传播范围之广,受其影响之容易,可以从"流感"二字看出来。在东方社会,抑郁症也并不少见。

忧郁是成功之路上最不受欢迎的敌人,它是悲观的孪生姐妹。一个人整天沉浸在忧郁的阴影中,还有什么乐观、积极向上的心态去追求成功呢?最重要的就是不要去看远方模糊的幻象,而要做手边清楚的事。

忧郁是一道无形的网,它不仅网住你的思想,还网住你的行动。如果你心中梦想的是成功,那么请你尽快地走出忧郁的低谷。

舍弃虚荣心

词典上对虚荣心的解释为:"表面上的荣耀,虚假的荣誉。"心理学上认为,虚荣心是自尊心的过分表现,是为了取得荣誉和引起普遍注意而表现出来的一种不正常的社会情感。

齐鸣讨厌开家长会,但是每年都要开家长会。家长会其实就是一个大家互相攀比的平台,每次开家长会,学校外面都停满了车,豪华的,不豪华的。家长们也会衣着光鲜。

齐鸣不想开家长会是因为爸爸是个工人,妈妈下岗了,就在一个菜市场里卖煎饼。每次开家长会妈妈都是收了煎饼摊之后再来学校。妈妈不会衣着光鲜的来,她是褪下套袖和围裙就来了,进了教室，有时候还觉得身上带着煎饼的味道。齐鸣觉得不光彩。

老师会邀请学生家长发言，家长们坐在自己孩子的座位上，孩子们站在教室的后面。齐鸣因为这次考了第一名，齐妈妈是第一个被邀请发言的家长。

她局促地搓着手："我儿子挺争气的，在家也不用我们管很多。我每天很早就出门卖煎饼了。没空给他做饭，他都是自己照顾自己。我和他爸爸觉得，没有给他像别的孩子一样舒适的生活，我们很对不起他。"妈妈哭了，用冻得通红的手擦着眼泪。

齐鸣突然觉得自己很不懂事，都是他的虚荣心，伤害了爸妈。他深深地为自己的行为和想法而悔恨。

等轮到学生要当着爸妈的面说出自己的愿望的时候，齐鸣当着所有的同学，还有老师，还有同学们的父母，哭着跟妈妈说，要给他们幸福的生活。齐鸣不再和同学们攀比父母了，他知道，爸妈给他的爱一点也不比别人的父母少。

>> 给男孩的悄悄话 <<

在现实生活中，很多人都具有虚荣心，虚荣心理是指一个人借用外在的、表面的或他人的荣光来弥补自己内在的、实质的不足，以赢得别人和社会的注意与尊重。它是一种很复杂的心理。

随着生活质量的提升，我们的需求也必然越来越高了。当家庭间的发展有差距时，青春期男孩就会产生虚荣、攀比心理，攀比学习用品、衣服鞋袜、电脑，更有的攀比是否有私家车接送。在这样的相互攀比中，家庭条件好的占尽了上风，他们成了许多青少年羡慕的"贵族子弟"，这一倾向反过来又导致这些"贵族子弟"产生高人一等的优越感，更加追求物质享受，贪慕虚荣；一些家庭条件较差的男孩，他们不知道该如何正确对待，心中自然就会滋生异样感觉——自卑感或虚荣心。就这样，一个人的人格渐渐就被这种消极的、不正常的心理歪曲了，他的价值观和人生观便更为偏颇了。

虚荣心理，其危害是显而易见的。其一是妨碍道德品质的优化，不自觉地会有自私、虚伪、欺骗等不良行为表现。其二是盲目自满、故步自封，缺乏自知之明，阻碍进步成长。其三是导致情感的畸变。由于虚荣给人沉重的心理负担，需求多且高，自身条件和现实生活都不可能使虚荣心得到满足，因此怨天尤人、愤懑压抑等负面情绪不断滋生、积累，导致情感畸变、人格变态。

由于虚荣心具有许多负面影响，是一种扭曲的心理，它会遭到他人的反感和敌意，甚至批判，因此要尽量克服它。

找到浮躁的根源

浮躁心理是一些男孩子的通病之一，表现为行动盲目，缺乏思考和计划，做事心神不定，缺乏恒心和毅力，见异思迁，急于求成，不能脚踏实地。你有这些表现吗？

最近乐安心浮气躁，做什么都毛毛躁躁，总是安静不下来。语文老师每周是要查周记的。看了乐安的周记，语文老师崔老师给他的评语里也写了："最近在周记里表现出了浮躁的情绪，望能克服，迅速回归到正常的状态。"

乐安实在不知道怎么才能回到正常的状态，于是在一个语文自习的时候，把老师请到了外面，跟老师讨论自己的浮躁状态。他先向老师汇报了自己的基本情况，就是考试在即，觉得时间不够用，看会儿语文，又觉得数学没复习呢，赶紧又去做数学题，等做数学题没几道的时候，又想起来物理作业要交，又甩下数学题去做物理作业，一会儿又想起来什么，又打断了学习去做别的什么工作。每天都觉得很疲惫，但是却没有收获。上次考试就不理想的他现在是求胜心切，还有就是爸妈在跟他讨论让他毕业出国的事情，让他的心里很是烦乱。

老师点点头，表示理解他的境况。他迫切地希望老师能够给他一个明确的解决方法，哀求老师给他提建议。老师笑着说："这很简单，你把你现在的目标写出来，然后制定一个达到目标的步骤和计划。再这么浮躁下去，你会更焦急。"

从静下心复习一个科目开始，乐安开始了他的镇静学习之路，改掉自己浮躁的毛病，然后认真地投入到学习中去。

>> 给男孩的悄悄话 <<

生活中有些男孩子，他们看到一部小说在社会上引起强烈反响，就想学习文学创作；看到电脑专业在科研中应用广泛，就想学习电脑技术；看到外语在对外交往中起重要作用，又想学习外语；想当歌星，又想当企业家、老板，今天学电脑，明天学绘画……由于他们对学习的长期性、艰巨性缺乏应有的认识和思想准备，只想"速成"，一旦遇到困难，便失去信心，打退堂鼓，最后一种技能也没学成。

轻浮、急躁，对什么事都深入不下去，只知其一，不究其二，往往会给工作、事业带来损失。浮躁的人自我控制力差，容易发火，不但影响学习和事业，还影响人际关系和身心健康，其害处可谓大矣。

戒躁是要求我们遇事沉着、冷静，多分析多思考，然后再行动，不要这山看着那山高，干什么都干不好，最后毫无所获。

用理智熄灭怒火

生活中常常会遇到这样的事情：当你兴冲冲地赴同学的聚会却路遇交通阻塞，公共汽车上别人不小心踩了你一脚，你买东西时商场服务员对你极不礼貌……这时，你往往会不由自主地感到愤怒。其实，在这个时候如果你的理智能够战胜你的怒火，那你就又成熟了一些。

下午有体育课，米军因为感冒请假没去操场。朱志远回来就发现自己的日记本在米军的桌上，还翻开着。朱志远想肯定是米军这

241

个家伙偷看自己的日记了。朱志远涨红着脸，攥着拳头，在教室的后面转来转去，他要等米军来了好好收拾他一顿，以解心头之恨。

可是，米军没等回来，倒是班主任来了。班主任让朱志远到办公室一趟。到了办公室，米军也在，米军诚恳地给朱志远道歉，说自己出于好奇，看了朱志远的日记，觉得很不对，就找老师承认错误了。希望当着老师的面给朱志远道歉，希望朱志远能原谅自己的行为。朱志远昂着头，不肯搭理米军。

老师也不说话，看着他们沟通。朱志远忽然一把抓住了米军的衣领，米军闭着眼睛说："如果打我一顿，你能消气的话，你就打我，都是我不对。"不过老师依然没说话，他看着朱志远的怒气慢慢消散，看着这两个孩子在修复他们的友谊，他想，自己就不用插手了。

朱志远的怒气慢慢平息了，他接受了米军的道歉，两人回去了。好朋友依然是好朋友。

>> 给男孩的悄悄话 <<

愤怒是一种常见的消极情绪，它是一个人对客观现实某些方面的不满，或者个人的意愿在受到阻碍时产生的一种身心紧张状态。在需要得不到满足、遭到失败、遇到不平、个人自由受限制等多种情形下，人都会产生愤怒情绪，愤怒的程度会因诱发原因和个人气质不同而有不满、生气、愤怒、恼怒、大怒、暴怒等不同层次。发怒是一种短暂的情绪紧张状态，往往像暴风骤雨一样来得猛，去得快，但在短时间里会有较强的紧张情绪和行为反应。

易怒者主要与其个性特点有关，大都属于气质类型中的胆汁质。胆汁质的人直率热情，容易冲动，情绪变化快，脾气急躁，容易发怒。易怒还与年龄有关，青春期男孩年轻气盛，情绪冲动而不稳定，自我控制力差，比成年人更易发怒。

一些人或许会觉得既然愤怒是一种正常情感，觉得不爽了就让自己发火不是理所当然的吗？你可能觉得你周围的人对你的坏脾气小题大做，自己有充分的理由怒发冲冠，或许你觉得向别人展示你的"威容"能换来尊重。但事实上，愤怒更有可能损害你的人际关系，扭曲你的判断能力，阻碍你的行事计划。

图书在版编目（CIP）数据

妈妈送给青春期儿子的书 / 闫晗编著 . -- 长春：
吉林文史出版社 , 2019.3（2025.6 重印）
ISBN 978-7-5472-5948-1

Ⅰ . ①妈… Ⅱ . ①闫… Ⅲ . ①男性—青春期—家庭教
育 Ⅳ . ① G782

中国版本图书馆 CIP 数据核字 (2019) 第 027196 号

妈妈送给青春期儿子的书
MAMA SONGGEI QINGCHUNQI ERZI DE SHU

编　　著：闫　晗
责任编辑：孙建军　董　芳
出版发行：吉林文史出版社有限责任公司（长春市福祉大路 5788 号出版集团 A 座
　　　　　www.jlws.com.cn
印　　刷：三河市燕春印务有限公司
版　　次：2019 年 3 月第 1 版　2025 年 6 月第 9 次印刷
开　　本：145mm×210mm　1/32
印　　张：8 印张
字　　数：190 千字
书　　号：ISBN 978-7-5472-5948-1
定　　价：38.00 元